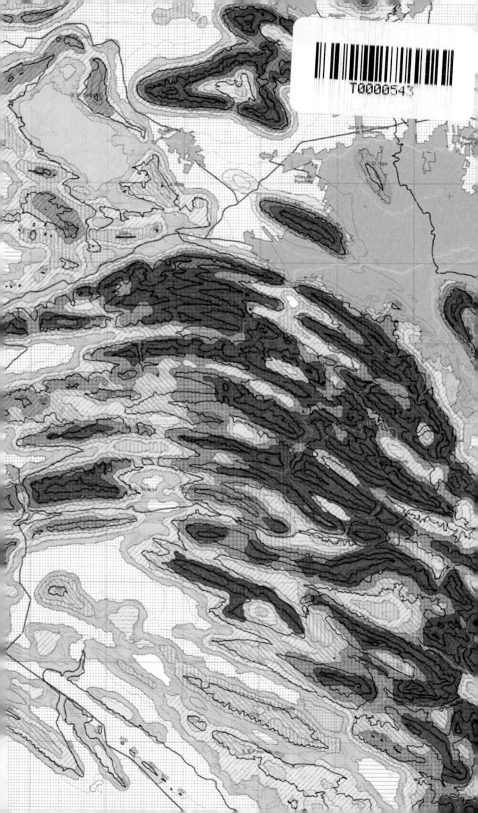

TERRITORIOS QUEER

EC

EDITORIAL CÁNTICO
COLECCIÓN · CULPABLES
DIRIGIDA POR RODRIGO GARCÍA MARINA

cantico.es · @canticoed

© Samy Reyes, 2023
© Editorial Almuzara S. L., 2023
Editorial Cántico
Parque Logístico de Córdoba
Carretera de Palma del Río, km. 4
14005 Córdoba
© Diseño de cubierta: Dani Vera, 2023
© Fotografía de autor: Samy Reyes, 2023

ISBN: 978-84-19387-63-9
Depósito legal: CO 1274-2023

Impresión y encuadernación:
Imprenta Luque S.L.

SAMY REYES

TERRITORIOS QUEER

LOCALIZAR LAS SEXODISIDENCIAS

**FINALISTA DEL I PREMIO DE
TEORÍAS QUEER Y CRIP SONIA RESCALVO ZAFRA**

EDITORIAL CÁNTICO
COLECCIÓN · CULPABLES

SOBRE EL AUTOR

Samy Reyes (Sur Global, 1996). A los seis años, a través de un acto de travestismo lúdico, se reconoció sexodisidente. Desde entonces le es imposible nombrarse bajo los términos de la identidad. En la infancia, hablaba poco pero preguntaba mucho. En la adolescencia, por procesos de migración y supervivencia, se mudó a Ciudad de México con su familia, volviéndose una subjetividad nómada y ciudadano perpetuo del Sur Global, su verdadera Patria. En esa temporada, fue diagnosticado con el Trastorno de Ansiedad Generalizada (TAG) y convirtió la literatura en su medicina (y veneno) alternativa. La escritura, por otro lado, llegó como la forma de imaginar otros mundos posibles y de combatir la destrucción del mundo actual y de sus formas de impiedad y agonía. Desde el 2019, todos los días escribe un poema que deshecha al anochecer o que abandona adentro de libros de personas desconocidas. Lleva consigo siempre un diario. Realizó estudios de Filosofía, Lengua y Literaturas Hispánicas en la Universidad Nacional Autónoma de México. En su tesis de Filosofía exploró el pensamiento sobre la razón-poética de María Zambrano. Sus reflexiones iniciales estuvieron influenciadas por Virginia Woolf, Sylvia Plath, Alejandra Pizarnik y Rafael Cadenas. Actualmente, practica la filosofía rizomática de Gilles Deleuze, Félix Guattari y Néstor Perlongher, así como la filosofía poética-plástica de Catherine Malabou y María Zambrano. Llegó a la teoría queer por vía francesa y española, a través de Paul Preciado y Monique Wittig. Hoy podría considerarse travesti de trinchera o simplemente Kuir con K de Anarkia.

A Darío, Chantal y Nico, mis tres amores.
Como siempre, a Virginia y a Hikuri.

Hacer el amor ha dejado de ser un pecado
para convertirse en un milagro

NÉSTOR PERLONGHER

I
LA TERRITORIALIDAD
PRECEDE A LA IDENTIDAD

Cuando pensamos en la identidad, solemos separarla del territorio. Creemos que esta es algo que el sujeto tiene fuera de los contextos. A veces asumimos que se tiene anterior incluso a cualquier historicidad y que solo se descubre con el tiempo, como es el caso de la identidad sexual. Es común escuchar expresiones como "así nací" o "desde siempre supe que era diferente". Estas expresiones comprenden la identidad como esencia del sujeto, negando la adquisición cultural. Aunque es cierto que el deseo es algo inherente al ser humano, los modos en que el deseo se expresa están condicionados por la malla de discursos e instituciones que controlan y significan tal deseo. No hay deseo que escape a los poderes de los discursos y a sus interpretaciones, aunque el deseo pueda ser utilizado para desbordar a los poderes en las construcciones de nuevas interpretaciones. Como afirma Félix Guattari: "El poder aparece como una forma permanente de control sobre el deseo y sobre la fuerza de trabajo"[1]; lo que significa que no es posible habitar al

---

1 Félix Guattari, *Deseo y revolución* (Buenos Aires: Tinta Limón, 2014), 40.

deseo fuera de los poderes. Sin embargo, el problema de esto es creer que la identidad precede a las fuerzas de los poderes, y en el caso de la sexualidad, que esta es anterior a toda cultura y contexto cultural, haciéndola aparecer como una identidad presocial.

En los discursos médicos y terapéuticos, como el de cierto psicoanálisis, se suele preguntar: "¿cómo se origina la homosexualidad?"[2]. Esto permite determinar dos formas de interpretar el deseo (para bien y para mal): 1. Que el deseo sexual precede a la cultura (biologicismo esencialista). 2. Que el deseo sexual es contextual (culturalismo). Cualquiera de las dos posturas genera conflictos. Por un lado, se cree que el deseo es algo innato como si no hubiese discursos que lo moldean y restringen; por otro, que si es cultural, entonces puede ser "curado" y redirigido, moldeado conforme la mano humana. En el primero, el biologicismo esencialista cree que traemos en nosotros mismos algo así como los "objetos de nuestro deseo"; en el segundo, el psicoanálisis abusa de la interpretación cultural. La cuestión que este trabajo busca no es negar el deseo inmanente del ser humano hacia otros cuerpos, sino mostrar que todo deseo pasa por procesos de culturalización y soberanía que el territorio produce sobre los cuerpos somatizándolos. Luego la cuestión no es "curar" o "ayudar al pobre paciente LGBTQIA+" a ser heterosexual, sino preguntarse: ¿Cómo puedo usar mi deseo diferente para la producción de otra cultura no-heterosexista y binaria? ¿Cómo puedo agenciar mi deseo en mis territorios en la producción de una colec-

2 Jorge Reitter, *Edipo gay. Heteronormatividad y psicoanálisis* (México: Ediciones Navarra, 2022), 54.

tividad disidente? Lo que interesa son las prácticas del deseo en el territorio y sus producciones discursivas y pragmáticas, vitales.

Como veremos más adelante, que el deseo se relacione con el poder no significa que el poder sea en sí mismo negativo, de lo que se trata es de mostrar que la identidad es una producción de ciertos poderes sobre el deseo, poderes que, para que no quede duda, juegan en favor de una soberanía vertical, que establece quiénes tienen derecho a controlar, producir y redirigir los deseos colectivos en la instauración de un territorio de signos heredado y perpetuado por instituciones y formas de vida específicas. Así, se puede concluir que nadie vive su deseo en una pureza aislada, sin contexto; la construcción de otros poderes y discursos hará acontecer nuevas posibilidades deseantes, a las cuales se dirige este trabajo. Sin embargo, no se trata de hacer solamente una ciencia de los oprimidxs (un saber sobre lxs oprimidxs desde ellxs mismxs), sino de hacer constar que es posible habitar desde la desviación y que existen esas formas de vida, las cuales ahora es preciso potenciar. Pero se debe tener cuidado con esto. Que lxs oprimidxs vivan de modos diferentes, no significa que todxs lxs oprimidxs tengan prácticas de contra-poder y resistencia. Al contrario, como señala Jorge Reitter: "el oprimido puede desconocer y aún sostener su opresión"[3]. Que esto pase, empero, no legitima la opresión. En ese sentido, Simone de Beauvoir acertó cuando describía que muchas mujeres solapaban a sus opresores y la violencia que esto producía, sin que tal resultado significase defender la opresión:

---

3 Reitter, *Edipo gay*, 219.

El hecho es que los hombres encuentren en su compañera más complicidad de la que el opresor suele encontrar en el oprimido; utilizan esta circunstancia con mala fe para declarar que ella ha querido el destino que le han impuesto. Hemos visto que en realidad toda su educación conspira para cerrarle los caminos de la rebeldía y la aventura; la sociedad entera —empezando por sus respetados padres— le miente exaltando el elevado valor del amor, de la abnegación, del don de sí y ocultándole que ni el amante, ni el marido, ni los hijos estarán dispuestos a soportar esta carga tan molesta. Ella acepta alegremente estas mentiras porque la invitan a seguir la pendiente de la facilidad: y es el peor crimen que se comete contra ella; desde su infancia y a lo largo de toda su vida se la mima, se la corrompe, designando como su vocación esta abdicación que es la tentación de todo existente angustiado por su libertad.[4]

Lo mismo sucede con la comunidad LGBTQIA+: al momento en que nos dicen que nuestra vida no tiene un futuro alegre y nos obligan a habitar un mundo donde las representaciones de nuestra existencia son siempre fracasadas, angustiosas y trágicas, muchas personas LGBTQIA+ deciden comer de la mano de la opresión porque creen que así podrán recibir un poco de las migajas de esa felicidad heteronormativa. Sin embargo, esto no es el caso de todas las personas del colectivo LGBTQIA+. Muchas personas sexo-disidentes viven en territorios donde se les permite el reconocimiento y el circuito epistémico de saber, pudiendo construir una ciencia de la opresión, con el fin de hacer un puente para liberarnos. Estas personas privilegias del colectivo prefieren seguir replicando la normatividad que les beneficia. No niego que sostener la opresión puede ser una forma de

---

4 Simone de Beauvoir, *El segundo sexo*, trad. Alicia Martorell (Madrid: Cátedra, 2015), 892.

sobrevivir, especialmente cuando se dice que fuera de tal opresión no hay más que muerte, pero defenderla pudiendo no hacerlo es criminal, egoísta y vergonzoso. No obstante, habrá que detenerse en el problema de la identidad. Cuando digo que la identidad es territorial y contextual, me refiero a que hay una red de signos que nos dan la pauta para nombrarnos de cierta manera en cierto contexto. Para dar un ejemplo: cuando digo que soy homosexual, lo hago bajo la idea de que existen los hombres y yo, siendo un hombre, los deseo sexo/afectivamente. Esto remite a una concepción política de los cuerpos binarios; sin este binarismo precedente a mi subjetividad, yo no podría anunciarme homosexual, lo cual no niega mi deseo a ciertos cuerpos; el discurso territorial precede a la identidad. El deseo no está libre del contexto que lo regula. Esto es aplicable a todas las identidades sexuales.

Y aunque me anuncie queer, si no existen las condiciones de posibilidad simbólicas para la comprensión, lxs otrxs no me comprenderán y me leerán de nuevo binariamente. En este último sentido, habría que recordar que no existe el lenguaje solitario, sino que todo lenguaje es compartido, para que pueda funcionar. El lenguaje es un medio de comunicación y producción, no algo mío o tuyo, sino el medio que produce las relaciones y discursos entre subjetividades. El trabajo de Norman Monroy me parece importante para profundizar en esta idea. Norman vio cómo lo queer es utilizado en los grandes circuitos del saber-poder para la producción de una subalternidad deseable; mientras que en otras latitudes más precarias e indeseables, en el filo del asesinato ecofascista, como es el Valle del Mezquital, lo queer no significa nada:

Soy [...] resentido de su discurso que neocoloniza y faculta, ante los más altos estándares de subversión, lo que puede ser queer y lo que no. Mirada panóptica que califica, otorga el certificado de transgresor y pretende imponer manifiestos racionalistas a las identidades subalternas autonombrándose precarias, pero que no dejan de gozar de los privilegios de género, raza y clase social... privilegios de los que, alardean, se han desprendido. Porque de donde vengo, el postporno, la performance, el voguing, los actos políticos, las posturas y las cartografías no son más que trabalenguas intraducibles.[5]

Debido a este vacío de significación, a Norman le es posible pensar lo queer no como una identidad, sino como un devenir que permite dislocar y construir nuevos saberes sobre sí mismx y lxs otrxs a través del acontecimiento de prácticas que no pueden ser pensadas desde un marco centrista (lo queer de los circuitos trasgresores bien educados de las grandes ciudades) ni desde el marco regional del Valle del Mezquital; el devenir-queer se convierte, en ese sentido, en la creación de un agenciamiento que negocia entre el lenguaje del centro y el del Valle, sin por ello apostar por uno o por el otro, sino que hace acontecer un devenir-mestizo donde no se privilegia la blanquitud académica ni se desprecia la diferencia indígena del Valle. Norman habita una metamorfosis crítica y consciente entre dos modos de ser.

De esta lectura sobre el trabajo de Norman, parto para decir que modificar el territorio de signos para ser inteligible bajo lo queer parece una tarea imposible para aquellxs que habitamos el territorio sin un poder. Surge la siguiente pregunta: ¿quién tiene derecho a nombrarse a

---

5 Norman Monroy, *Colonialidad, género, muerte y sexualidad en el Valle del Mezqueertal* (tesis de maestría, Universidad Autónoma del Estado de Hidalgo, 2022), 14.

sí mismx y a lxs otrxs? La pregunta no es: ¿con qué nombre nos nombramos?, sino radicalmente: ¿quién puede nombrar al subalterno? Hoy sabemos que muchas personas que hacemos actos queer no somos consideradas queer por un poder que avala y permite que cierta gente sea la que autoriza quiénes puede o no ser queer. En este sentido, pienso en múltiples académicxs que hoy hablan por lo queer, de lo queer y desde lo queer y exigen una queeridad sin nunca preguntarse cómo en otros lugares se activa y desactiva una potencia queer que no necesariamente es la que ellxs consideran como "verdadera" o "real". Los actos de Norman puede que, para gente que ya vive la deconstrucción en su fase más avanzada y casi mítica, sean susceptibles a ser tomados como juegos de niñxs; para este trabajo, en cambio, son formas de ser que dislocan (enloquecen rompiendo el sistema) el territorio.

En los debates públicos muchas personas no cumplimos el estándar de belleza, de actuación política, de *performance* y/o del circuito cultural para llamarnos queer. Asimismo, no habitamos en esas territorialidades donde se lee a Butler, Preciado, Haraway, Halberstam, y donde lo queer es inteligible para la cultura y su pragmática casi de modo "natural" y "cotidiano". Vivimos en doble canal. Por un lado, se nos lee queer en ciertos territorios, por ejemplo, cuando viajamos horas para llegar al centro de la Ciudad de México y gastarnos nuestro poco dinero en el circuito cultural de la capital. Ahí somos queer siempre y cuando tengamos el poder adquisitivo y cultural para hablar el lenguaje de la academia y sus prácticas blancas. Por otro lado, se nos lee jotos, maricones, travestis, vestidas, cuando habitamos nuestros barrios, pero de una manera ambigua, como si detrás de esas palabras no pudiese del todo sellar nuestra identidad. Somos jotos, sí, pero no del todo. Este "no del todo" es lo que nos permite reconocer una potencia de lo queer que disloca nuestros territorios desde ciertas prácticas y corporalidades no definibles. Así pues, nuestras identidades no son algo que tenemos y que podemos habitar fuera del territorio, sino algo que nos posiciona adentro de cierta malla discursiva y que regula, reglamenta y hace inteligible nuestra persona bajo tales discursos. Esto no niega la necesidad de resistencia y lucha que producen ese "no del todo" del cual ya hablé. Sin embargo: ¿cómo podrían cuerpos enfermos como el de Norman y el mío modificar la malla discursiva de centenares de personas de manera radical? El subalterno no solo no puede hablar; no tiene ni la fuerza ni el poder de romper con la red en donde está atrapado de manera solitaria; de ahí la necesidad de producir territorios comunitarios donde sea posible instaurar no una identidad, sino una estrategia de ataque: una máquina de guerra comunal donde se rompan las barreras identitarias y cristalizadas; donde sea posible una desubjetivación colectiva. En palabras de Néstor Perlongher: "ser capaces de salir de nosotros mismos"[6]. La potencia queer no es algo mío o de Norman, sino un acontecimiento de extrañamiento territorial que necesita una multitud de cuerpos agenciados para lograr la producción de esa ruptura que abra una línea de fuga a nuevas formas de hacer y pensar. Lo queer sería una ética minoritaria sexodisidente.

6 Néstor Perlongher, *Los devenires minoritarios* (Barcelona: Diaclasa, 2016), 120.

De tal suerte, si lo queer se comprende más que como una identidad, como una política de la abyección, aquella capaz de producir un dislocamiento del y/o en el acontecer de la imposibilidad de un autorreconocimiento sexual dentro del binario sexual, entonces esto será posible tanto en la construcción de espacios físicos (heterotopías deseantes) así como en redes alternativas de simbolización (los discursos), donde la subjetividad no pueda ser percibida bajo las interpretaciones actuales. Es en este sentido que sigo a Lee Edelman cuando define la queeridad como actos políticos de abyección y desubjetivación alegre: "la queeridad de la que yo hablo nos separaría deliberadamente de nosotros mismos, de la seguridad de conocernos a nosotros mismos y por tanto de conocer nuestro «bien»"[7]. Como trataré de mostrar más adelante, lo queer es para nosotrxs una pragmática territorial de dislocamiento más que una identidad delimitable universal o gramaticalmente. Por consiguiente, ser joto, lencha, travesti, transformista, puede llegar a ser una expresión de la queeridad, según los actos y modos de expresión en ciertos contextos; aunque nos nombren de este modo, siempre hay algo en ello que muestra una experiencia agramatical y acéfala que vendría a ser la queeridad como evento[8]. Para dar otro ejemplo: lo que puede ser considerado queer en Ciudad de México, es probable que en Francia sea un acto de lo más vulgar y naturalizado de cualquier *pédé* parisino. A lo largo de este trabajo, trataré de hacer notar que la

---

7 Lee Edelman, *No al futuro. La teoría queer y la pulsión de muerte*, trad. Javier Sáez y Adriana Baschuk (Madrid: Editorial EGALES, 2004), 23.

8 Lee Edelman, *Bad education: why queer theory teaches us nothing* (Durham: Duke University, 2022), 26.

queeridad es, ante todo, un acontecimiento territorial situado y no una universalización de formas de vida específicas sin contextos particulares y encarnados.

CULTURA LGBTQIA+ E IDENTIDAD SEXO-DISIDENTE, ¿ES POSIBLE FUGAR?

Hay identidades que aceptamos culturales, como ser de un país o de una región del mundo. No obstante, aunque la cultura nacional es una adquisición educacional, se suele considerar que esta no es superable y que constituye una especie de piedra de toque de nuestra personalidad común e individual. En los discursos nacionalistas escuchamos con frecuencia como se instaura una identidad compartida que nos hace aparecer como ciudadanos de cierto lugar, sin importar que ya no habitemos en ellos. Estas posturas producen la identidad nacional homogénea. Esta concepción separa, excluye y oculta otras expresiones territoriales en el mismo espacio-tiempo, o vuelve a tales expresiones un folklore exótico capitalizable como "piezas de arte vivas" y no como vidas en constante movimiento y desterritorialización de la hegemonía.

Aunque suene sorprendente, en nuestra contemporaneidad las disidencias sexuales han sido participes de la identidad nacional y han contribuido a su hegemonía. Jasbir Puar ha definido al *homonacionalismo* como la capacidad del Estado-nación para hacer del deseo homosexual una excepcionalidad deseada en ciertos marcos culturales[9]. Esta excepcionalidad deseada construye la

---

9 Véase Jasbir K. Puar, *Ensamblajes terroristas: el homonacionalismo en*

identidad del buen gay y la buena lesbiana con sus buenos amigos capitalistas, que montarían el *Show de los Muppets* Queer agradables para la familia heteronormativa, progresista y tolerantes. En medio de una mundialización y capitalización de la existencia, habría también que pensar en cómo el modelo de la buena lesbiana, trans o gay termina por imponerse ya no solo en ciertas naciones, sino en todo el mundo a través de procesos de imperialismo y colonización. Esto mismo ha sucedido con la identidad queer que EE. UU. produjo y que lentamente ha ido capturando todos nuestros territorios, ocultando y erradicando los modos de hacer queeridades a lo largo del globo terráqueo. Al leer a yos (erchxs) piña narváez, me siento identificadx con sus palabras cuando dice que

> Para mí es importante hacer una distinción dentificativa de una práctica política de resistencia agenciada por cuerpxs etnoracializadxs, migrantes, negrxs y posteriormente higienizados y blanqueadxs por discursos académicos, la estetización y por el mercado. Abrazo a hermanxs negrxs, racializadxs del sur global, que intentan hacer una re-encarnación, un re-sentir de lo queer (cuir) y sé que ha sido un intento de re-pigmentar el cuerpx blancx hegemónicx universalizadx de las disidencias sexo-género.[10]

Mientras escribo esto, pienso en cómo he escuchado tantas veces la palabra queer por gente que nunca ha sentido miedo de caminar en la calle de un barrio siendo marica, que nunca ha sentido terror de ser atacadx por su familia, por sus compañerxs de escuela o por gente

tiempos queer, trad. María Enguix Tercero (Barcelona: Edicions Bellaterra, 2007).

10 yos (erchxs) piña narváez, "no soy queer, soy negrx mis orishas no leyeron a J. Butler" en leticia rojas miranda y francisco godoy, *no existe sexo sin racialización* (Madrid: Colectivo Ayllu, 2017), 39.

que en la calle cree que tiene derecho a lastimarnxs. Pienso, ¿soy yo lo queer de lo que habla alguien como Paul Preciado, mientras se compra testosterona en New York, Barcelona o Grecia? Ni siquiera sé cómo sobreviviré a los siguientes meses de mi vida. Yo no puedo darme el lujo de escribir todos los días sobre esto, de hacer de mi existencia un producto cultural. Por otro lado, yo ni siquiera me puedo considerar queer como una identidad/esencia; lo mío es resistencia y pragmática: queeridad.

A pesar de lo anterior, siguen existiendo las familias heteronormativas no progresistas que son herederas de un fascismo añejo que cada día cobra más fuerza. En Estados Unidos, así como en México, los partidos de derecha han intentado ganar más votantes y feligreses a través de múltiples campañas antiderechos. Sin embargo, la cuestión es: ¿cuándo comenzaremos a producir una sociedad no normativa, no heterosexista, no familiarista? El asimilacionismo del capitalismo a la vida queer, bajo la vestimenta de la tolerancia, despotencializa la creación de nuevas territorialidades queer (queeridades) y hace que las subjetividades disidentes se conformen con lo ya establecido, alienándose a lo de siempre: la familia, la nación y su folklore. De igual modo, bajo un régimen de persecución, exclusión y violencia, habría que pensar cómo es posible producir territorialidades queer sin ser asesinadxs en el intento y afuera de los privilegios que la blanquitud le permite a unxs pocxs.

En este sentido se puede decir que las distintas expresiones del deseo tienen diferentes formas de territorialización y comprensión, que no deben ser hegemonizadas en una linealidad llamada "identidad cultural/nacional" y que deben ser rescatadas en sus procesos encarnados, intentando producir desde ahí líneas de fuga. En muchos lugares remotos de los territorios nacionales, se habitan territorios de signos muy distintos a los de las grandes urbes pedagógicas y civilizadas. En estos lugares, se vive una sexualidad que no ha pasado por la buena educación del capitalismo y sus dispositivos. Son esos lugares donde hay una potencia que es semejante a una flor en el desierto: fértil y frágil. ¿Cómo hacer un oasis?

Sin embargo, debido al aparato de captura de los deseos, habría que pensar cómo los territorios LGBTQIA+ se despontencializaron. Perlongher se dio cuenta de que ya en los 80-90, la homosexualidad dejaba de ser subversiva para integrarse, por la crisis del sida y otras políticas de inclusión, al ensamblaje capitalista. Hoy nos encontramos en la *rickimartinización*, como piensa Leonor Silvestri, de las maricas, las travestis y sus hermanas desconocidas. Hemos dejado de ser maricas locas para ser gays de ciudad que consume programas como *Ru Paul Drag Race*, adopta perritos chihuahuas y vive en Chueca, Zona Rosa o en Stonewall con sus banderas de arcoíris en los balcones. Pero lo que muchxs de estxs buenxs ciudadanxs disidentes en apariencia olvidan es que seguimos siendo ciudadanxs de segunda, del mismo modo que una persona que ha obtenido la ciudadanía por naturalización. Las personas migrantes naturalizadas (es decir, los que ya tenemos "nacionalidad"), sabemos que nunca seremos tratados del mismo modo que un nacido en el territorio. Entonces, ¿por qué estas buenas disidentes creen que son iguales a las personas heterosexuales hegemónicas? El engaño se les cuela mentalmente con la creencia de que la normatividad les promete futurabilidad. ¿Nos conformaremos con tan poco? ¿De verdad creemos que el destino que nos propone el capitalismo y el heterosexismo es futuro y vida? ¿Acaso no habitamos las ruinas que el capitalismo finge no haber producido? En el momento en que las disidencias dejan de ser máquinas de guerras y se asimilan al capital, olvidan por qué luchan. No se luchaba solo por derechos, sino por la construcción de otra sociedad, de otras formas de hacer vida. Butler nos recuerda que "ser legitimados por el Estado conlleva entrar en los términos de legitimación que este ofrece y encontrarse con el sentido público y reconocible de la persona depende fundamentalmente del léxico de dicha legitimación"[11]. Si queremos fugarnos de la legitimación del Estado[12], esto es posible en la instauración de topografías dislocadas. Por eso Butler advierte que estos lugares de ambigüedad:

son no lugares en los cuales uno se encuentra a pesar de sí mismo; son no lugares donde el reconocimiento e, incluso, el autorreconocimiento, resulta precario, si no difícil de encontrar, a pesar de que dediquemos nuestros mejores esfuerzos a convertirnos en sujetos con un sentido reconocible. No son lugares de la enunciación, sino cambios en la topografía desde los cuales se puede cuestionar la audición de una afirmación: la afirmación del «todavía no sujeto» y del sujeto casi reconocible.[13]

---

11 Judith Butler, *Deshacer el género*, trad. Patricia Soley-Beltrán (México: Paidós, 2021), 153.

12 Es probable que muchas personas LGBTQIA+ ni siquiera se den cuenta de la necesidad de abandonar el Estado-nación; es probable que ni siquiera hemos alcanzado una conciencia de clase donde nos percatemos de que el Estado-nación no tiene futuro, sino la repetición frenética de la muerte de sus ciudadanos. Quizás de esta opacidad es que hoy seguimos apelando a "reformar al Estado" o "transformarlo a través de la democracia" sin preguntarnos por otras formas de habitar demócratas que no necesariamente sean estatales.

13 Butler, *Deshacer el género*, 157.

Creo, por otro lado, siguiendo el pensamiento de Michel Foucault, que estos no lugares o heterotopías[14], pueden ser tan efímeras como una fiesta donde el sujeto se libera de su identidad y produce nuevas relaciones no ególatras. Por tal razón, sería importante traer a colación el inicio del *Vampiro de la colonia Roma* de Luis Zapata:

> llegamos a una fiesta un cuate [...] y nos quedábamos parados ahí un rato   viendo a la gente   había muchísima gente y todos vestidos así muy elegantes   con pieles y todo   o sea   las mujeres con pieles y vestidos largos y joyas   y los hombres todos de traje negro   de smoking   pero se veían que todos eran heterosexuales   es decir   tenían cara de heterosexuales   pues no te puedo decir cómo son las caras de los heterosexuales pero uno   como homosexual   ha aprendido a ver en la cara de la gente   su   este   su onda sexual   [...]
> [...] y mi cuate y yo nos quedamos viendo y empezamos a hacer lo mismo   atacados de la risa porque se nos hacía muy chistosa la frasecita esa   y tú   ¿Qué vas a hacer cuando dios se muera? ¿no?   y ya después toda la gente estaba haciendo así y nos veían y nos decían "y tú, ¿qué vas a hacer cuando dios se muera?" sin hablar ¿ves?   Y nosotros le contestábamos "y tú ¿qué vas a hacer cuando dios se muera? Y todos botados de la risa   pero para ese momento ya no eran hombres y mujeres o bueno   sí eran hombres y mujeres   pero pura gente de ambiente ¿ves? Y yo   no sé por qué   me empecé a sentir muy incómodo.[15]

Una fiesta puede dislocar la identidad que se creía firme y segura a través de ciertas prácticas de desidentificación. En estos lugares, los hombres y mujeres hetero-

---

14 Michel Foucault, "Espacios diferentes" en *Estética, ética y hermenéutica. Obras esenciales*, V. III, trad. Ángel Gabilondo (Barcelona: Paidós Ibérica, 1999), 431-442.

15 Luis Zapata, *El vampiro de la colonia Roma* (México: Grijalbo, 1979), 14.

sexuales pasan a ser gente de ambiente por el contagio. Habría que preguntar: ¿quiénes mantienen una práctica absoluta, constante de su sexualidad, sin franquearla en ciertos momentos? Muchos de mis amigos heterosexuales parecen confesar, sin darse cuenta, su deseo a hombres del fútbol o actores, aunque estos deseos no sean solo sexuales, sino eróticos en la mayoría de los casos. Quizás con un poco de impulso en cierta situación específica, estos amigos podrían desviarse del camino de la heterosexualidad normativa y se darían cuenta de que el deseo puede ser siempre fracturado[16]. Eve Kosofsky Sedgwick mostró cómo en muchas culturas la camaradería entre hombres y los afectos entre ellos es bien vista siempre y cuando no deseen sexualmente sus cuerpos[17]. ¿Podemos hablar de una homosexualidad sublimada en estos casos? Si esto es así, muchas veces esta sublimación se activa según varios contextos y lugares, pudiendo en esos sentidos "mojar la canoa", como se dice en Venezuela, o llegar al

---

16 Con eso no quiero defender a ciertos gays que creen "poder voltear al hetero", puesto que esto implicaría que el gay es capaz, por su propia voluntad, de desviar al otro. Más bien, pienso en aquellos hombres heterosexuales que ya por sí mismos muestran cierta inclinación a la homosexualidad y quizás, por su propia libertad y alegría, produzcan queeridades que lentamente quiebren su identidad. Profundizando en esto, creo que muchos "hetero-flexibles" son mucho más queer que esos maricas que los "convierten en gays", ya que los segundos no son capaces de transformar su deseo a otros cuerpos, sino que mantienen su posición identitaria de "hombre homosexual"; mientras que el hetero-flexible, como su nombre lo indica, es capaz de demostrar la fluctuación del deseo dependiendo de la situación, donde se encuentre y con quien lo haga.

17 Eve Kosofky Sedwick, "Algunos binarismos (II). Wilde, Nietzsche, y las relaciones sentimentales del cuerpo masculino" en *Epistemología del armario*, trad. Teresa Bladé Costa (Barcelona: La Tempestad, 1998), 175-240.

extremo donde "jotear" pase a ser un acto real de desviación o accidente. Entre broma y broma la verdad se asoma, profesa el refrán. La heterosexualidad es frágil como un cristal; del mismo modo que también lo es la homosexualidad. Sin embargo, ambos polos niegan la posibilidad de franquear la identidad que creen poseer. ¿Puede producirse un devenir-hetero (y no heteronormativo) del marica y un devenir-homosexual del hetero?

DE UNA MARIQUITA TRAVESTI EN EL PRADO

Pero ni siquiera las homosexualidades son idénticas en todos los lugares. Cuando viajé a Madrid a inicios del año, me di cuenta de que mi homosexualidad funcionaba de otro modo en ese territorio. Ya en Ciudad de México no podría ser considerado del todo un buen gay, primeramente, porque no puedo ni siquiera consumir los lugares de divertimento de un homosexual blanqueado, no puedo darme el lujo de utilizar mi capital deseante a través de aplicaciones como Grindr, Tinder o Bumble, puesto que no tengo el *sitio* ni los medios económicos para costearlo; segundo, porque mis relaciones sexoafectivas no son las de un buen gay fornicador de culos, o de la buena pasiva tragavergas; tengo otras prácticas de afectividad y deseo que podríamos llamar "no-penetrativas". Sin embargo, lo que en Madrid me sucedió fue que mi corporalidad (al final de latinoamericane, sudaca deslenguada) disparaba en las personas un repudio, aunque nunca al grado del escarnio. Haber usado un huipil en el Prado fue el escenario perfecto para observar una muestra mínima de una Europa escandalizada al mirar un cuerpo disidente pasearse por sus grandes museos y su circuito cultural

29

sin un ápice de vergüenza. ¿De qué debía avergonzarme? ¿De ser mestiza orgullosa y combativa de su genealogía colonizadora? ¿De mi vestimenta tejida por indígenas de Oaxaca que no regatean ni regalan sus trabajos a blancos que turistean por sus pueblos en banca rota? ¿De hablar un español deslenguado y mixto? ¿De ser una travesti que es capaz de comprender y demoler el eurocentrismo?

Todavía recuerdo la expresión de una mujer que trabaja dentro del Prado: "¡Es tan excéntrico el modo en el que vienes!". O la expresión de aquellas personas que acaparando el espacio para apreciar un cuadro, fueron espabilados por Guillermo Martín Bermejo que les solicitó la retirada para que *nosotras* pudiéramos verlo. ¡Esas caras de estupefacción al verme a mí, esa *india* (como dijo una de las mujeres al ver mi huipil), ser capaz de apreciar el arte blanco! Esa cara de confusión cuando, después de ser llamada india, hablé y mi voz de "hombre" torció la voz de la misma señora. También lxs blancxs se escandalizan de cierta queeridad insoportable para su pulcredad. Y esa es la muestra de que todavía hoy es posible torcer a las buenas consciencias del mundo.

Asimismo, mis prácticas sexuales rompen con la norma actual. Siempre ha sido sospechoso ver a una persona joven con alguien que le doble o triplique la edad. Mi caso escandalizaba a las buenas consciencias homosexuales que nos miraban en los lugares. En algún momento, en un bar de Madrid, alguien susurró que seguro estaba con aquel viejo por dinero. Dicho de otro modo: me tomó como *taxiboy*, expresión que aprendí con mi pareja. Supuse con esto que en Madrid es muy frecuente que los maricas se prostituyan o salgan con hombres mayores por dinero. En México esto se repite por el acontecer de la relación *Sugar daddy/Sugar baby*. Anteriormente, se le llamaba *chichifos* a los homosexuales jóvenes que buscaban ganar dinero a través de la prostitución. No es mi caso. No puedo contar aquí mi relación situacional con mi pareja, pero lo que sí puedo decir es que nuestro vínculo sobrepasa la comprensión epistémica de la comunidad LGBTQIA+ y de la heteronormatividad que cree que las relaciones entre dos personas adultas de diferente edad son automáticamente interesadas. Aparte de esto, me imagino que el escándalo llegará a ser superior si se enteran de que, por lo menos hasta este momento, nos da igual si salimos con otras personas y aun así nuestro vínculo crece y se cultiva día con día.

Al ser latinoamericane, disidente, en una relación intergeneracional que entre otras cosas se mantiene a distancia (mi pareja es de otro país), vestida como indígena y a la vez como ciudadano contemporáneo, con ese modo de hablar que me caracteriza, producía en Madrid un dislocamiento queer. Esta experiencia ha sido repetida en múltiples ocasiones. Cuando tuve el cabello largo, la ambigüedad sexual que producía, causaba en muchos homosexuales el repudio, pues el buen gay sale con gays masculinos y no con maricas afeminadas de mucha pluma, como dicen en España. A pesar de lo anterior, en los ambientes queer, lo afeminado no está mal visto, sino que hasta puede ser abrazado en los cuerpos asignados hombres al nacer, del mismo modo que ciertas masculinidades son aplaudidas, como sucede a las *butch* o machorras, así como la de los hombres trans. Pero esto igual puede ser una trampa cuando alguien no quiere ser estéticamente radical.

A pesar de este relato, esta excentricidad mía, en otro lugar, como podría ser Juchitán, no sería más que algo cotidiano en ciertas expresiones de género. Así pues, para España yo era una india incómoda para su blanquitud; en Ciudad de México un joto sin chiste; en Juchitán, marica, pero no muxe, no travesti. Y así voy girando en el territorio como un trompo que cambia de colores, según quien lo observe y donde se encuentre. En todos los territorios, por el momento, un indeseable.

La cuestión no debe recaer en la identidad femenina/masculina o andrógina, sino en cómo esta activa y desactiva mecanismos de control, represión, vigilancia y eliminación según el territorio en donde ciertos cuerpos se encuentren. Los territorios de signos ensamblan en nosotrxs los modos de inteligibilidad y deseabilidad o reconocimiento. De tal manera, el buen gay será bien recibido en las instituciones nacionales que buscan tal expresión de género, en cambio, lo criticaremos y retaremos en los espacios queer donde lo que se busca es no producir un privilegio para beneficio del yo. Pero como ya dijimos, el Estado-nación también producirá territorios donde la excepcionalidad sea exotizada y deseable. Pensemos en la actual cuota de inclusión donde las instituciones tienen personas LGBTQIA+ para aparentar progresismo.

El problema actual es creer que la identidad es algo que construimos y deseamos individualmente y no una situación territorial que nos obliga a negociar con nuestras formas de hacer vida y de comprendernos a nosotrxs mismxs, es decir que nos posiciona en una frontera donde es necesario hacer puentes entre lo hegemónico y lo marginado, tal y como Gloria Anzaldúa lo pensó en *Borderlands*[18]. El uso de la identidad como estrategia capitalista nos inserta en la capitalización y fetichización de nuestros modos de vida, produciendo con ello la exclu-

---

18 Véase Gloria Anzaldúa, *Borderlands / La frontera*, trad. Carmen Valle

sión de montones de cuerpos que no pueden, ni quieren, adaptarse a este estilo de existencia. Sin embargo, una extrema marginación y excepcionalidad pueden ser igual de terrible, si no hay los marcos de existencia para tales vidas. Como piensa Paco Vidarte y Ricardo Llamas:

> El armario apunta hacia una realidad muy distinta: la reclusión, el encerramiento, la disimulación ante unas circunstancias externas tan hostiles que se prefiere no hacerles frente directamente y capear el temporal como mejor se pueda. Hasta cierto punto, depende de si fuera caen o no chuzos de punta, la culpa no está en quien se mete en el armario, sino en quienes lo obligan a ello, en una sociedad represiva que manifiesta sin tapujos su animadversión por los homosexuales[19].

¿En qué territorios es posible salir del armario sin morir en el intento? ¿Cuándo y a qué edad? ¿Quiénes pueden tener el privilegio de salir del armario y ser abrazadxs, cuidadxs? Y no se trata solo del armario de la sexualidad, sino también de las prácticas y de las infecciones. ¿Cuántas personas con VIH pueden salir del armario sin ser perseguidas? ¿Cuántas personas trans huyen de sus familias y llevan una vida oculta porque decir públicamente que se es trans es igual a vivir la violencia?

Habrá personas que tengan una salida del armario feliz, casi celebrativa, pero muchas otras, incluyéndome, hemos vivido la violencia sistemática y persecutora de una sociedad hostil. De hecho, múltiples pasajes de este escrito me hacen salir de ciertos clósets que probablemente me traerán situaciones de violencia y exclusión fa-

---

(Madrid: Capitán Swing, 2019).

19 Paco Vidarte y Ricardo Llamas, "Armario. La vida privada del homosexual o el homosexual privado de vida" en Paco Vidarte, *Por una política a caraperro. Placeres textuales para las disidencias sexuales* (Madrid: Traficantes de Sueño, 2021), 47.

miliar. Actualmente, hay una serie de discursos blancos que dicen que vivir el clóset es de frustradxs o de tibixs, y proclaman la necesidad de coraje y valentía contra el sistema, como si nuestras vidas individuales no corriesen peligro. El poder salir del clóset y vivir felizmente siendo gays, lesbianas, trans, es una cuestión de privilegio. Muchas de nosotras habitamos una doble vida para poder sobrevivir, teniendo nuestros lugares de esparcimiento y expresión, nuestras heterotopías subterráneas, a la vez que nos comportamos adecuadamente en otros espacios, como el familiar y el laboral. Empero a ello, muchas de nosotras no queremos seguir habitando esta doble vida, pero no es tan fácil como salir del clóset cuando se habita un territorio minado y bélico: se necesita la producción de territorialidades, diálogos y transformaciones que no se hacen con la simple anunciación de nuestra diferencia; no basta la palabra para cambiar el mundo, hace falta la táctica. Debemos ser capaces de preparar el terreno y saber obrar pragmáticamente en él para no morir o ser marginadxs en el intento.

UN LUGAR LLAMADO JUCHITÁN
REINADO POR MUXES

Quisiera detenerme en un caso paradigmático del México contemporáneo. Durante las últimas dos décadas, nuestra sociedad supuestamente progresista e incluyente ha usado a la comunidad muxe como una forma de exotismo y hasta teatralización (proceso de folklorización de las comunidades no centralizadas). Pero las muxes no son objetos ni disfraces, sino un modo de vida que cambia y se adapta a las condiciones materiales y situadas de su lugar de origen, lo cual nos debería obligar a comprenderlas más allá de nuestros marcos epistémicos universales.

Anteriormente, a las muxes se les consideraba "hombres homosexuales", interpretando sus actos bajo el paradigma de una homosexualidad masculina. Pero habría que pensar que la categoría de homosexual no es intercambiable con la de muxe y que no es una traducción adecuada para esta expresión. Es curioso que una de las investigadoras de esta expresión, Marinella Miano Borruso, no se detenga en ello y traduzca "homosexual [como] muxe en zapoteco" y agregue inmediatamente que

> se trata de una homosexualidad institucionalizada, de un tercer elemento constitutivo e integrado a la organización genérica de la sociedad y al universo cultural étnico poco usuales en nuestra sociedad occidental, que algunos autores consideran como un tercer sexo socialmente concebido y aceptado, un hombre-mujer que reúne las características de ambos sexos.[20]

Me llama la atención la manera en que se sigue considerando a la muxe como una especie de "tercer elemento" y "hombre-mujer", pero a la vez como "homosexual masculino". ¿No es esta interpretación de alguna manera un intento de traducción y, por ende, de traición, del sentido originario de la muxe? Pareciera que la muxe es una persona que desterritorializa al sujeto considerado hombre al mostrarse como una subjetivación diferente a la esperada y que, como se observa, es parte de la organización genérica de la sociedad zapoteca. No es conveniente reducir a las muxes a homosexuales feminizados,

---

20 Marinella Miano Borruso. "Género y homosexualidad entre los zapotecos del Istmo de Tehuantepec: El caso de los muxe". *IV Congreso Chileno de Antropología*. (Chile: Colegio de Antropólogos de Chile A. G., 2001), 686.

puesto que esto nos obligaría a leerlas bajo unos marcos epistémicos colonialistas. Leerlas de ese modo sería cargarlas de una identidad que no es propiamente de su territorio, ni necesariamente debe serlo. Asimismo, un proceso como este colocaría a las muxes al mismo nivel que, por ejemplo, los hombres que se travisten en otros contextos. De hecho, la comparativa viene de la propia Miano: "No hay todavía transexuales que busquen la reasignación del cuerpo, las vestidas no se sienten inconformes e incómodas con su sexo, aunque unas cuantas expresan el deseo de implantar prótesis de silicón en el pecho"[21]. Lo problemático de esto es creer que solo se puede dejar de ser hombre cuando se arranca de sí la verga, cuando hay una inconformidad con el órgano sexual. Las muxes son leídas como homosexuales o travestis porque bajo nuestra conceptualización nacieron "hombres", aunque la misma Miano diga que son un "tercer elemento constitutivo". Esto omite que las muxes tienen otras dinámicas que la homosexualidad masculina no tendría en otros lugares, como el cuidado de la familia, la vestimenta específica, la red de contribuciones y mandatos que una muxe lleva en su comunidad.

La muxe es una subjetividad adentro de una comunidad; es muxe en tanto que se es parte de la comunidad zapoteca, no porque en sí misma guarde su persona algo así como la muxeidad, lo cual no niega sus deseos hacia ciertos cuerpos y su comprensión sobre sí misma. Lo que quiero decir es que el deseo sexo/afectivo de una persona considerada muxe no basta para ser muxe; es necesario un proceso pragmático que la cultura zapoteca tiene con tales personas, haciendo de las muxes una expresión de

---

21 Miano Borruso, "Género y homosexualidad...", 687.

género más que un mero deseo sexual[22]. La muxe tiene en sí misma una potencia que alcanza su identidad en un hacer sobre sí y con los otros contextualmente, o sea, en una red de signos culturales; de hecho, se sabe que las madres suelen incentivar en sus hijos la identidad muxe a través de procesos de subjetivación cuando descubren en este hay características de las muxes, más allá de que el niño ya revele un deseo sexual. Así, no se puede ser muxe si se habita y se nació en España en tanto que tal identidad es un proceso territorial específico zapoteco. Las muxes se encuentran en otra territorialidad con otras prácticas y marcos conceptuales que no se reducen al deseo sexual y que les permiten habitar en tales lugares sin ser perseguidas, así como pasaría en espacialidades más hetero-cis-patriarcales, como el estado de Puebla.

He tomado este ejemplo no para hacer un trabajo sobre las muxes, lo cual no podría realizarse, debido a que no habito en el Istmo de Tehuantepec, ni mi intención es volver a la vida de las muxes un objeto excéntrico de estudio queer o trans, sino demostrar la importancia del territorio en la constitución de la identidad sexo/afectiva y los modos en que tales diferencias son incluidas y pensadas territorialmente. Mi objetivo, más bien, es mostrar que la territorialidad precede a la identidad y que no hay identidad más que por el territorio físico como cultural. Primero se habita en una localización enmarañada de signos, interpretaciones, y procesos biológicos espontáneos, luego se llega a ser algo o alguien. La identidad es ante todo un tener territorial, un habitar bajo ciertas ideas y bajo el porvenir inesperado de la materia.

---

22 Véase José Antonio Guitiérrez España, *El intrépido vuelo de las mariposas istmeñas a la Ciudad de México. Muxeidad, identidad de género y corporalidad en contexto migratorio* (Tesis de maestría, Centro de Investigaciones y Estudios Superiores en Antropología Social, 2021), 59-60.

GÉNERO Y TERRITORIALIDAD,
¿ALGUIEN QUIERE PENSAR EN EL GÉNERO?

En la actualidad admitimos la existencia de una identidad de género que es ante todo un hacerse a sí mismo, en el sentido de que toda identidad se adquiere, se tiene, más no se es. Por ello, Butler habla de performatividad[23] y no de esencia. Este giro que comprende a la identidad de género como un tener y no un ser, parte de la premisa nietzscheana que postula que hemos llegado a ser lo que somos por un hacer: "no hay ningún «ser» tras el hacer, el actuar, el devenir; «el que actúa» es una mera invención añadida al hacer; el hacer es todo"[24]. Este hacer no es una acción que realice el sujeto aislado del contexto, como una especie de autopoiesis solitaria. Este hacer es siempre situado. No hay acción que pueda ser aislada de sus interpretaciones y límites contextuales, incluyendo en este último el biológico, del mismo modo que no podemos hablar de hechos que no sean interpretados bajo los marcos epistémicos que rigen al aparato del saber-poder de ese lugar.

El problema de la teoría de Butler es obviar que no es verdad que en todos los casos la masculinidad femenina o la feminidad masculina sean mal vistas. El trabajo de Jack Halberstam ha puesto ha puesto esto en cuestión:

> [...] como los límites que definen al hombre y a la mujer son tan elásticos, hay muy pocas personas en los espacios públicos cuyo género sea completamente irreconocible.

23 Véase Judith Butler, *El género en disputa. El feminismo y la subversión de la identidad*, trad. María Antonia Muñoz (Barcelona: Paidós, 2007).

24 Friedrich Nietzsche, *Genealogía de la moral*, trad. Andrés Sánchez Pascual (Madrid: Alianza Editorial, 2011), libro 1, 67.

El género ambiguo, aparezca donde aparezca, se transforma inevitablemente en desviación, en algo inferior, o en una versión borrosa del hombre o de la mujer. Por ejemplo, en los servicios para mujeres, algunas usuarias parece que no logran alcanzar el nivel de lo que debe ser la feminidad, de modo que muy a menudo aquellas de nosotras que presentamos cierta ambigüedad somos acusadas de estar en los servicios «equivocados».[25]

Pero si el género no es solo una cuestión de apariencia, sino también de los roles de género, quisiera detenerme un momento en esto. En nuestra contemporaneidad, muchos hombres heterosexuales son comprendidos como homosexuales cuando tienen cierto "afeminamiento", lo cual les causa conflicto. Otros superan este conflicto y aceptan esta "feminidad" como un rasgo más de su existencia. Pienso que muchas de las actividades que hoy en México se consideran femeninas en otros lugares son parte de la autosuficiencia individual: cocinar, limpiar, cuidar a lxs otrxs y expresar las emociones. También pienso en cómo durante años muchas mujeres en Latinoamérica por ser solteras fueron consideradas lesbianas (¡porque es claro que todas las lesbianas son solteras!), sencillamente por no tener pareja e hijos y dedicarse enteramente a sus profesiones. Ser una mujer independiente y soltera, según lo que nos cuenta Gilles Lipovetsky en *La tercera mujer*, fue parte de la revolución femenina de Francia que no necesariamente se traducía como lesbianismo, sino sencillamente como el deseo de emancipación de la mujer[26].

25 Judith/[Jack] Halberstam, *Masculinidad femenina*, trad. Javier Sáez (Madrid: EGALES, 2008), 43.

26 Gilles Lipovetsky, *La tercera mujer. Permanencia y revolución de lo femenino*, trad. Rosa Alapont (Barcelona: Anagrama, 2007).

Del mismo modo, dentro de un homonacionalismo, muchas feminidades y masculinidades han pasado a ser parte de los modelos deseables. En la homonorma de México, por ejemplo, ser el/la activx va ligado a los valores de la masculinidad reglamentaria en cuanto a la estética, pero está mal visto ser demasiado macho heterosexual, construyendo así una nueva masculinidad homosexual, como se ve en la machorra y en el musculoso. La buena pasiva (sea marica o lesbiana), en cambio, replica los roles de lo femenino, pero a la vez tiene un grado de diferencia con el género femenino cis. Así pues, estos nuevos géneros van tejiendo una red de "excepcionalidades" deseables que no se igualan con la heterosexualidad normativa como un núcleo duro e idéntico en todos los territorios. Quizás uno de los choques culturales más duros de cualquier persona disidente que se muda de territorio, es darse cuenta de que el género y sus expresiones son cambiantes y que en un lugar donde su expresión era deseable y agradable para sus iguales, en otro puede ser objeto de desprecio. Aprender a moverse en esta cartografía del género se vuelve cada día más difícil, a pesar de la universalización de arquetipos compartidos mundialmente.

En este último sentido, pienso en el *queerbaiting* que el capitalismo ha usado para construir una nueva masculinidad femenina encarnada por presuntos heterosexuales: Bad Bunny, Harry Styles o Timothée Chalamet. O la nueva estética andrógina de múltiples actrices: Tanya Reynolds (*Sex Education*), Cara Delavigne o Kristen Stewart. Más allá de si estas personas se consideran o no parte de la comunidad LGBTQIA+, lo que se puede observar es el modo en que hay una apropiación de la estética queer para capitalizar con ella. Por otro lado, habría que pensar cómo hoy la multiplicidad de *idols* coreanos han producido una nueva forma de habitar la masculinidad en Occidente: la delgadez, la fineza, la buena vestidura y el misterio van produciendo una nueva masculinidad. Sin embargo, ¿basta esto para desarticular las prácticas de la violencia a las mujeres trans y racializadas, de la exclusión a las personas sexo-disidentes inconformes con las políticas capitalistas? ¿Basta tal estética sin ética para desarticular el dispositivo de binarización y borradura contra la comunidad LGBTQIA+ no normativa que el aparato heterocispatriarcal ha producido?

En el contexto de México, pienso en que, a pesar de tal estética, los hombres siguen identificándose con las representaciones de la violencia que haya su expresión en los corridos y la narcocultura. Peso Pluma es perfectamente un *twink* (un hombre joven, delgado, lampiño y deseable) y, a la vez, un pequeño junior del narco que se droga, tiene mujeres y hace negocios sucios. Esta combinación ha producido que mucha comunidad LGBTQIA+ y heterosexual hoy tengan representaciones comunes que lentamente modifican las relaciones territoriales, pero sin por ello erradicar las estructuras. No podemos saber, sin embargo, qué nos deparará esta ambigüedad más adelante; quizás tales movimientos estéticos contribuyan a una desestabilización del aparato actual, pero mientras sigan siendo producidas por el capital, nada bueno pasará.

Por consiguiente, la identidad de género la adquirimos situacionalmente porque estamos en ciertos lugares que nos permiten identificar al yo con algún discurso constitutivo; pero también porque al yo se le obliga a ser de cierto modo bajo la tutela de múltiples discursos formativos, siendo los poderes una fuerza que constituye al sujeto como subjetividad específica. En el México contemporáneo, en muchos lugares el modelo de masculinidad es el del narco y el de la feminidad el de la *buchona* (una mujer independiente que tiene un cuerpo exuberante, tuneado, que no se deja por ningún hombre, como Jenny Rivera); en otros lugares, como la Ciudad de México y el centro, las cosas son diferentes. No hay una sola forma de encarnar el género ni un solo discurso que pueda moldearlo universalmente; por extensión, lo mismo sucede con la expresión de la disidencia sexual. La queeridad, en ese sentido, se trataría de fugar de tales discursos de manera situada, por lo que es posible que muchas formas de hacer queeridad sean ocultadas bajo el discurso capitalista de un *queerbaiting* universal.

Cada discurso formativo tendrá sus instituciones de formación-control y vigilancia que producirán una identificación del yo con cierto modo de ser, produciendo así un actuar sobre sí o lo que Foucault llamaba *las tecnologías del yo*. Sin embargo, muchísimos sujetos ni siquiera se dan cuenta de estos dispositivos, puesto que los han naturalizado e interiorizado haciendo de esta organización un territorio invisible y familiar. El territorio viene a ser una estructura invisible para el sujeto que se cree soberano de sí mismo y que considera que su identidad es algo innato y no localizable en un plano existencial. Al respecto, Rosi Braidotti sentencia que:

> una localización no es una posición que el sujeto designa y concibe autónomamente. Es un territorio espacio-temporal compartido y construido colectivamente, conjuntamente ocupado. En otras palabras, la propia localización escapa en gran medida al autoescrutinio porque es tan familiar y tan cercana que ni siquiera se repara en ella.[27]

---

27 Rossi Braidotti, *Metamorfosis. Hacia una teoría materialista del devenir*, trad. Ana Varela Mateos (Madrid: Akal, 2004), 26-27.

Mientras los sujetos no disloquen este orden, la sujeción territorial de un modo de ser es automatizada, al punto de no percibir que, por ejemplo, la raza, la nacionalidad, el sexo/género, la sexualidad, la clase y otros paradigmas de la identidad, no son más que producciones. Todo ser se constituye a sí mismo en la estructuración de un obrar frenético y repetitivo que siempre está materializado en ciertas prácticas, instituciones y por ciertos discursos, pero que suele pasar desapercibido para los propios sujetos, haciéndoles creer que su identidad es una esencia, o que ellos actúan sobre sí mismos fuera de marcos discursivos y delimitables.

Que una identidad sea construida sobre nosotrxs sin darnos cuenta no significa que se ha hecho a través de la violencia y la represión. A diferencia de lo que se supone, habría que observar que muchísima gente está completamente ciega sobre lo que ha hecho sobre sí y cree que toda esa construcción es obra del destino y de la naturaleza y no del contexto histórico cultural. Hoy la gente cree que basta tener la piel negra para ser considerado negro o basta con tener vulva para ser considerada mujer, sin percatarse de que la interpretación que se hace a las características "vulva" y "piel negra" son lo que hacen acontecer a una subjetividad particular. No basta un hecho o una característica para ser parte de una identidad, sino que siempre hará falta el acto constitutivo de significación y captura. Sobre esto, Monique Wittig consideraba que el ordenamiento de los sujetos al tomar en cuenta solo una de sus características es un acto constitutivo del heteropatriarcado y no una mera descripción sin intencionalidad:

> La categoría de sexo es una categoría que determina la esclavitud de las mujeres, y actúa de forma muy precisa por

medio de una operación de reducción, como en el caso de los esclavos negros, tomando una parte por el todo, una parte (el color, el sexo) por la cual tiene que pasar todo un grupo humano como a través de un filtro.[28]

El hecho de que una característica del sujeto sea capaz de producir una identidad, no es más que un proceso de filtración, reducción y ordenamiento de ciertos discursos a través de la segmentarización del sujeto. Del mismo modo en que el sexo se volvió un órgano constituyente, también lo ha sido el color de piel, la edad, la clase, la procedencia, la salud, etc. La organización de la identidad, mediante la reducción del cuerpo a un órgano (la piel o el sexo) o una característica, implica un dispositivo de control y producción de corporalidades que a lo largo del tiempo irán mutando. Esto quiere decir que tampoco es posible instaurar un género sin perspectiva de raza, clase, edad, discapacidad y territorio. Así pues, no es verdad que la masculinidad/feminidad que se le obliga encarnar a lxs niñxs según el sexo, sea la misma que encarna unx adultx; tampoco el género que encarna una persona negra será el mismo que el de una persona blanca, mucho menos el de una persona con discapacidad.

En España me di cuenta de que el género se rompe cuando se trata de aplicar xenofobia y corrección. Se suele decir que "las mujeres no corrigen a los hombres", no obstante, en mi experiencia en España, fueron dos mujeres las que se atrevieron a corregirme la pronunciación del fonema fricativo interdental sordo (/θ/ correspondiente a la grafía zeta), debido a que, en LATAM, a diferencia, se pronuncia como un simple fricativo alveolar

---

28 Monique Wittig, *El pensamiento heterosexual*, trad. Javier Sáez y Paco Vidarte (Madrid: EGALES, 2016), 28.

sordo. Esta corrección nace, por un lado, que en ese contexto, la raza es más fuerte que el sexo, y por consiguiente, las españolas podían corregir al sudaca en su pronunciación. Estoy segurx de que, en cambio, si hubiese sido un hombre español el que pronunciase mal, pero tuviese todo el acento y la pinta de español, esto no hubiese sucedido; del mismo modo que si fuese un británico aprendiendo español, la corrección seguramente hubiese sido más leve a la que yo viví de manera tajante. Seguramente mi experiencia ha sido encarnada por múltiples cuerpos racializados en un territorio nacionalista donde somos tomados como incivilizados a educar.

Asimismo, debido a la edad, la mayoría de lxs adultxs, sin importar el contexto, creen que pueden andar por ahí corrigiendo y mandando a lxs menores de edad sin importar si son chicos, chicas o chiques; pero en la relación infantil, por otro lado, los niños creen tener más poder sobre ellas. Sin embargo, el hermano mayor toma el rol del "protector", el "macho", cuando se relaciona con el hermano menor que acontece como "protegible", "inocente", femenino, pues. Pero para la madre, ambos hijos son eso: varones a cuidar. Muchas hermanas mayores, ya cuando son adultas, suelen tomar el rol del padre vigilador y castigador sobre sus hermanxs, sin importar el sexo/género, inmiscuyéndose en sus vidas; sin embargo, con sus parejas, pueden actuar pasivamente y como la buena mujer. Visto esto concluyamos que es imposible establecer un género "lineal" que se viva del mismo modo a lo largo del territorio y las edades. A esto se le añade las prácticas que producirán que una persona sea leída de diferente modo según el contexto. Como acertadamente esclarece Perlongher:

Así, en vez de considerar a los sujetos en tanto unidades totales, según esta perspectiva, se observa que ellos estarían fragmentados por diversas segmentariedades. Habría una segmentariedad binaria, del orden de lo molar —que escinde a los sujetos según oposiciones de sexo (hombre/mujer), de edad (joven/viejo), de clase (burgués/proletario), etcétera—.[29]

El discurso no es nada sin sus prácticas y sus ordenamientos, del mismo modo que las prácticas tienen sentido por los discursos que las legitiman territorialmente. Cabría recordarse que en los movimientos sufragistas de EE.UU. las mujeres negras no fueron consideradas, por un lado, mujeres; por otro, ciudadanas, en tanto que eran comprendidas como negras, por consiguiente, animales[30]. Como Angela Davis ha mostrado a lo largo de *Mujeres, raza y clase*: la producción de un discurso sobre el color de piel (racialización) trajo consigo un dispositivo que separa a las personas negras de las blancas, haciendo a las primeras bestias o animales y a las segundas gente educada y deseable. Cuando Davis analiza el mito del *negro violador*, se encuentra de que esto afecta también a las mujeres negras:

> Porque desde el momento en el que se acepta la noción de que el hombre negro abriga un impulso sexual irresistible y animal, toda la raza es investida de bestialidad. Si los hombres negros tienen los ojos puestos sobre las mujeres blancas como objetos sexuales, entonces es innegable que las mujeres negras deben acoger con agrado las atenciones sexuales que les dedican los hombres blancos. Vistas como «mujeres perdidas» y

---

29 Néstor Perlongher, *El negocio del deseo* (Buenos Aires: Paidós, 1999), 135.

30 Angela Davis ha dedicado un capítulo entero a esta cuestión: "El sufragio femenino a comienzos del siglo XX: la progresiva influencia del racismo" en *Mujeres, raza y clase,* trad. Ana Varela Mateos (Madrid: Akal, 2005), 115-129.

como putas, los gritos de violación proferidos por las mujeres negras carecerían, inevitablemente, de legitimidad.[31]

El modo en que estos dispositivos discursivos se activan y se desactivan, dependerá del territorio y sus participantes en él. Para Estados Unidos y muchos países de Europa las personas latinoamericanas y negras somos tomadas como objetos sexuales, fetiches. Mientras que en nuestros territorios, no sucede que nuestra propia raza sea en sí misma un componente de cosificación sexual. Empero a lo anterior, en México sí se ha producido una erotización del color de piel y de cierta estética en el caso de ciertos hombres que habitan los barrios y que se les llama *chacales*. Monsiváis lo describe muy bien: "el chacal es el joven proletario de / aspecto indígena o recién mestizo, / ya descrito históricamente como Raza de Bronce"[32]. Pablo Caraballo ha focalizado sobre esta cosificación de ciertos cuerpos por la propia homosexualidad blanca y limpia:

> De modo que su producción como objeto racializado de deseo está dada por su situación de clase, que se mezcla y confunde con una determinada condición étnico-racial. Así, para Javier, de 36 años, si bien el chacal suele ser «chaparro» y «moreno», su rasgo dominante sería un «mal gusto» que, a modo de habitus (Bourdieu, 1999), estaría ya en su cuerpo y sus posturas corporales, aunque se expresa también en sus modos de vestir.[33]

Alguien que vive en España o Francia, por ejemplo, no puede conocer esta expresión de género que se constru-

31 Davis, *Mujeres, raza y clase*, 183-184.

32 Carlos Monsiváis, "La noche popular: paseos, riesgos, júbilos, necesidades orgánicas, tensiones, especies antiguas y recientes, descargas anímicas en forma de coreografías". *Debate Feminista*, 18, 1998, 60.

33 Pablo Antonio Caraballo Correa, "Los límites de la 'hermandad'. Modernidad e identidad *gay* en México", *La Ventana*, 52, 2020, 89.

ye desde la mirada blanca de cierta gaycidad elitista (*el chacal* se vuelve objeto, no sujeto de la gaycidad). No se es solamente homosexual, sino chacal, loca, discretx, clóseterx, musculocx, twink, o gay blanco colonizador que se pasea libremente por el territorio. Ahora bien, creo que hay prácticas y expresiones que no nacieron de la intencionalidad de los discursos y que dislocan accidentalmente la comprensión territorial: son las prácticas excedentes o el "afuera" del discurso, tal y como lo pensó Michel Foucault. Son prácticas, muchas veces, incomprensibles para los discursos en turno y que pueden constituir la producción de otro horizonte de saber-actuar. Pero no solo eso, hay aconteceres que radicalmente pervierten el territorio. Gracias a que el sujeto no es una abstracción, sino la materialización de millones de procesos, sucede que cuando su cuerpo no aparece tal y como se presupone en un discurso, este cuerpo produce una dislocación territorial. El cuerpo como acontecimiento siempre en posibilidad de diferencia. Estas prácticas son muchas veces consideradas anomalías. ¿Anomalías de qué? Del hacer que se considera como ser; es decir, de la confusión entre identidad y esencia. Pero debemos tener cuidado en creer que una anomalía concreta es universal y ahistórica. Por ejemplo, Butler ha afirmado:

> Los géneros que tengo en mente existen desde hace mucho tiempo, pero no han sido admitidos entre los términos que rigen la realidad. Se trata de desarrollar un nuevo léxico legitimador para la complejidad de género que siempre hemos estado viviendo, un nuevo léxico dentro de la ley, dentro de la psiquiatría, dentro de la teoría social y literaria. Dado que las normas que rigen la realidad no han admitido estas formas de ser real, por fuerza tendremos que llamarlas nuevas. Pero

espero que cuando lo hagamos, si lo hacemos, nos riamos porque sabremos que esto no es así.[34]

Esto puede ser tramposo en tanto que estaría abstrayendo la interpretación de la sexualidad y del género a sus contextos. Bajo lo que dice Butler, ¿podemos afirmar que en todos los lugares y en todos los tiempos han existido personas no binarias, *butch*, travestis, chacales, locas, vestidas, sidosas pasivas? ¿Seremos capaces de poblar la historia con todos estos géneros que no son nuevos? Aparte de ello, ¿no es Butler la que ha dicho que el lenguaje produce al género y que no solo tiene un carácter descriptivo? Sorprendente que, en esta cita, en cambio, el lenguaje aparezca como un acto descriptivo de lo que siempre ha sido durante todos los tiempos y en todas las locaciones. ¿Se me permitirá decir bajo esta postura que Sócrates era queer y Antígona le primere no binarie de Grecia?

Dicho de otro modo: que en todos los tiempos y espacios existan personas que no se adecuan a los discursos de la sexualidad en turno, no debe ser justificación suficiente para creer que en todos los tiempos han existido homosexuales, bisexuales, asexuales, chacales, vestidas, *butch*, lenchas, muxes, no binares, etcétera. Puesto que tales designaciones están insertas en prácticas y discursos particulares, la producción de un nuevo léxico se vuelve necesaria para nombrar y legitimar los modos contemporáneos de hacer género y no para producir un discurso universal que vuelva ahistóricos nuestras territorialidades. Para mí, lo único que muestra la existencia de disidencias sexuales a lo largo de la historia, es una potencia de la queeridad que en la mayoría de los tiempos ha acontecido y que hoy llamamos *queeridad* por una

---

34 Butler, *Deshacer el género,* 309.

historia particular de nuestro contexto (el uso de queer como insulto). Esta potencia queer no es otra cosa que el nombre con el que designo la potencia de dislocamiento de la sexualidad no normativa dentro de ciertos marcos epistémicos que ha producido multiplicidad de sistemas de género desconocidos y conocidos para nosotrxs.

LA QUEERIDAD COMO POTENCIA DISLOCANTE

Como potencia, la queeridad no es una identidad, sino un movimiento del deseo que produce prácticas "raras" para su tiempo. A muchas personas, probablemente, no le guste considerar lo queer de este modo, pero bajo esta consideración lo que se dice es que la queeridad ha dejado rastros efímeros de su potencialización a lo largo del tiempo. En esta dirección, José Esteban Muñoz ha definido lo queer no como una identidad, sino como aquello que aún no llega (porvenir) y que no podemos saber cómo acontecerá, pero que deja un hilo de resistencia en el territorio y sus cuerpos. En *Utopías queer* afirma que "lo queer es ilegible y por ende está perdido en relación con la cartografía del espacio de la mente hétero. Lo queer está perdido en el espacio, o perdido en relación con el espacio de la heteronormatividad"[35].

¿Cómo comprender lo queer como lo perdido del espacio heteronormativo y del léxico? Cuando hablamos de heteronormatividad no debe confundirse con la heterosexualidad, sino con un modo de ser que los sujetos heterosexuales, homosexuales, transexuales, bisexuales,

---

35 José Esteban Muñoz, *Utopías queer. El entonces y allí de la futuridad antinormativa*, trad. Patricio Orellana (Buenos Aires: Caja Negra, 2020), 145.

lesbianas, como ya dijimos, pueden replicar. Así pues, en cuanto a acontecimiento, la queeridad es, sobre todo, una especie de "huella" que queda por debajo del sentido o que no puede ser del todo dicho, capturado por el lenguaje. Es aquello que desborda el discurso y que, cuando ya puede ser nombrado identidad, ha sido reducido a un modelo o género. Lo queer es lo perdido que deja rastro en tanto que la organización queer produce agenciamientos territoriales disidentes o diferenciales a los heteronormativos de manera accidental y espontánea, sin la intencionalidad de capturar y reproducir un modo de ser que se perpetúa a través de los siglos o las décadas. Es la producción de heterotopías deseantes, diferenciales y volátiles, tal y como Foucault las expone[36].

Una heterotopía es un lugar que se construye para mantener a la diferencia delimitada en un espacio situado. Esto es lo que sucedió, en un principio, con los guetos LGBTQIA+ que, posteriormente, se volvieron parte del capitalismo (solo hay que ir a Chueca o a Zona Rosa para ver cómo la "excepcionalidad" ha construido un capitalismo rosa; tema que Paco Vidarte trabajó en *Ética marica*[37]). Sin embargo, estos lugares tenían otro objetivo que no era el del capitalismo: la construcción de espacios de resistencia, cuidado y producción de conocimiento de los sujetos marginados por su sexualidad. Empero a ello, muchos de estos lugares eran de doble cara, o sea, territorios temporales en el mismo espacio. Por el día podían funcionar como cualquier otro barrio, mientras que por la noche se transformaban, del mismo modo que las dragas por el día pueden ser hombres y por la noche

---

36 Foucault, "Espacios diferentes", 435.
37 Paco Vidarte, *Ética marica* (Barcelona: EGALES, 2007).

51

terribles deconstructoras del género. Esto significó que la vida nocturna marcó en la subjetividad disidente un modo de existencia particular. Aunado a esto, habrá que tener en cuenta que, en un mismo territorio como este, la identidad puede ser fluctuante. Perlongher esclareció esto último del siguiente modo:

Puede ocurrir incluso que los sujetos «ocupen» sucesivamente diversos lugares del código, esto es, se desplacen más o menos intermitentemente por las [sic] diversos casilleros clasificatorios, variando de clasificación según el lugar y la situación. Frecuentemente un mismo sujeto va asumiendo y recibiendo diversas nomenclaturas en diferentes momentos de su desplazamiento. Se podría hablar, entonces, de un desplazamiento del sujeto por las redes del código.[38]

En este contexto es importante destacar que Perlongher acepta un punto de rigidez de los agentes, es decir, "una adscripción territorial" consciente. Los homosexuales identitarios, para retomar la cuestión, aceptan un modo de ser y lo replican constantemente. Asimismo, se mueven en una territorialidad que les permite ser leídos de ese modo. Por tanto, es frecuente que una identidad sexual constituya puntos de encuentro compartidos con otras personas que comparten la misma identidad, naturalizando así el modo de ser como anterior a la cultura.

Ahora bien, quiero que pensemos en cómo una práctica homosexual no necesariamente refiere a una identidad homosexual autoimpuesta, sino que puede volverse, en otro contexto, un uso hasta homofóbico. Estoy hablando de la utilización de la homosexualidad en la práctica punitiva de muchos militares. Estos últimos suelen utilizar expresiones sexuales de manera

---

38 Perlongher, *El negocio del deseo*, 133.

violenta: "Cogerse al enemigo", "violarlo", "darle por el culo", etcétera, son expresiones que en el territorio militar no refieren a una práctica homosexual del gay identitario; al contrario, refieren a una homosexualidad utilizada como máquina de destrucción del enemigo. El uso del falo como violador refiere al gozo del yo en la dominación del otro. Esto fue explorado de igual modo por Perlongher al analizar *El niño proletario*, de Osvaldo Lamborghini y las prácticas militares en las Malvinas. En estos ejercicios, los actos homosexuales no se tratan del goce entre hombres, sino del deseo de matar al maricón a través del uso de la fuerza bruta viril, como he señado en otro trabajo citando a Perlongher:

> «En las Malvinas jugábamos al «inglés», o sea, como siempre estábamos fanfarroneando que nos íbamos a coger a un inglés, anticipábamos la fiesta» (Perlongher, 2004, 89) y esta fiesta consistía en hacer que el supuesto «inglés», un compañero que simulaba ser del otro bando, fuese violado por todos los demás soldados: «El flaco se las chupaba a todos, y si no adivinaba de quién era el porongo, lo cogíamos; por cada error, otros dos lo cogían» (Perlongher, 2004, 89).[39]

Esta escena que podría ser homoerotismo, en realidad forma parte de la territorialización cruel de la milicia. Lo mismo sucede con aquellos deseos sociales que sueñan con la violación del violador en las cárceles. Si un violador es violado en las cárceles, ¿sus violadores son homosexuales? Bajo el uso de tales actos y en tales situaciones, habría que responder que no. Por consiguiente, las prácticas homosexuales no son necesariamente constituyentes de una identidad homosexual; harían falta otras

---

39 Samy Reyes, "'Devenir-travesti' o la resistencia de las 'locas': la prototeoría queer de Néstor Perlongher ante el advenir de las identidades LGBT+", *Caracol*, 25, 2023, 78.

situaciones (como la feminización/masculinización no "natural", el deseo constante a los hombres/mujeres siendo del mismo sexo, el gozo entre ambas partes, etcétera) para ser considerado que un sujeto es homosexual. Y aun así, hubo un tiempo donde solo el pasivo de la relación era considerado homosexual. En el caso de las mujeres, según el análisis de Olga Viñuales, es más bien el componente combinatorio de la sexualidad y los afectos lo que hace que una mujer puede ser considerada lesbiana en España[40]. Esto último me recuerda el problema del BDSM y los usos del placer que muchas lesbianas, entre ellas Gayle Rubin[41], mostraron como problemático cuando se trataba de definir a la buena lesbiana y a la identidad lésbica. Ya sin mencionar la famosa frase de Wittig que proclamaba que "las lesbianas no son mujeres".

Volviendo a la cuestión del territorio y la identidad, hoy todavía hay un territorio que se olvida bajo la discursividad: el cuerpo como territorio. Ante todo, lo único que podemos afirmar contundentemente es que, si somos algo, somos en un cuerpo. Pero nuestro cuerpo nunca es del todo dado, sino que siempre está en procesos de cambio, en tanto que organismo vivo y en tanto que cuerpo organizado por la política; es decir, somatizado. Si decíamos que la identidad es una cuestión territorial, habría que pensar cuál es la implicación de nuestros cuerpos en este proceso de identificación, en tanto que no solo somos un objeto en el plano, sino sujetos que accionan en él, de manera espontánea, consciente y continua. Pero

40 Olga Viñuales, *Identidades lésbicas. Discursos y prácticas* (Barcelona: Edicions Bellaterra, 2006).

41 Gayle Rubin, *En el crepúsculo del brillo* (Argentina: Bocavulvaria Ediciones, 2018).

no únicamente accionamos, nuestro cuerpo está siempre presente para lxs otrxs, es siempre un ente que no puede dejar de ser visto, comprendido, encarnado, posicionado. La vida humana consiste no solamente en la producción de la cultura, sino en enfrentar la presencia de nosotrxs mismxs y de lxs otrxs, el bochorno de no poder escapar de nuestra presencia. En resumen, en este largo apartado he hablado del territorio y la identidad sexo-disidente, pero ahora sería conveniente detenernos en el cuerpo.

II
NADIE SABE LO QUE PUEDE UN CUERPO: MI REPROGRAMACIÓN SOMATOPOLÍTICA

El término *somatopolítica* es, posiblemente, uno de los más importantes en el corpus de la obra de Michel Foucault y una herencia directa en el trabajo de Paul B. Preciado. Cuando hablamos de un cuerpo en nuestro contexto, creemos que este es simplemente un ser acontecido por la espontaneidad de la naturaleza. Olvidamos, mágicamente, que un cuerpo es una biblioteca de somatizaciones, un ente construido, regulado e interpretado por la red de signos políticos y no solamente espontaneo. *Somatizar* significa hacer que el cuerpo sea y se habite de cierto modo. Lo sorprendente es que el cuerpo sexuado es en sí mismo una somatización del sexo como órgano regidor del yo que ha pasado desapercibido en la historia. En palabras de Foucault:

> A lo largo de las líneas en que se desarrolló el dispositivo de la sexualidad desde el siglo XIX, vemos elaborándose la idea de que existe algo más que los cuerpos, los órganos, las localizaciones somáticas, las funciones, los sistemas antomofisiológicos, las sensaciones, los placeres; algo más y algo diferente, algo dotado de propiedades intrínsecas y leyes propias: el «sexo».[42]

---

42 Michel Foucault, *Historia de la sexualidad. 1. La voluntad de saber,* trad.

Muchos de los debates actuales de las teorías queer y feministas se han concentrado en desmantelar la noción de género. Otras teorías materialistas y queer, en cambio, han querido desmantelar la noción de sexo que, por ende, conllevaría a arrancar de raíz el sistema sexo/género. Particularmente, Butler no se dedicó a analizar el discurso del sexo, sino el discurso que hace del sexo un género. Posteriormente, Anne Fausto-Sterling, en *Cuerpos sexuados*, mostrará que el género no es una construcción del sexo o una identificación entre sexo y género (vulva = femenino; pene = masculino), sino que, al contrario de lo que se entiende, el género es más primario que el sexo en la comprensión del sujeto sobre sí mismo. Dicho de otro modo, antes de que el sujeto revise su genitalidad, se ha identificado a sí mismo con un género. Esto es así porque, para Fausto-Sterling, antes que entes meramente biológicos somos a la vez seres sociales que adquirimos comportamientos para vivir en el mundo:

> Los estudios del proceso de materialización del género deben vararse en tres principios. Primero: el binomio naturaleza/crianza es indivisible. Segundo: los organismos (humanos o no) son procesos activos, blancos móviles, desde la concepción hasta la muerte. Tercero: ninguna disciplina académica o clínica sola puede proporcionarnos una manera infalible o mejor que ninguna otra de entender la sexualidad humana. Las intuiciones de muchos, desde las pensadoras feministas hasta los biólogos moleculares, son esenciales para la comprensión de la naturaleza social de la función fisiológica.[43]

Ulises Guiñazú (México: Siglo XXI, 1991), 185.

43 Anne Fausto-Sterling, *Cuerpos sexuados. La política de género y la construcción de la sexualidad*, trad. Ambrosio García Leal (Barcelona: Melusina, 2006), 281.

En resumidas cuentas: "nadie sabe lo que puede un cuerpo", tal y como lo había dicho Spinoza. Han tenido que pasar más de cuatro siglos para que aquella lapidaria expresión de Spinoza cobrara toda su iluminación. Sin embargo, lo que de alguna manera sí podemos saber es cómo actúan los dispositivos sobre nuestros cuerpos; es decir, cómo la sociedad hace a nuestros cuerpos de cierto modo. Esto permite afirmar que "el cuerpo humano universal no existe. Existen una multiplicidad irreductible de cuerpos vivos y de organismos racializados, sexualizados, clasificados, taxonomizados"[44].

El hetero-cis-patriarcado es un sistema de adiestramiento o de *educastración*[45] sobre nuestros cuerpos. La cultura, la pedagogía, la familia, la clínica, los productos del arte, las relaciones sociales, nuestros propios pensamientos, lo que hablamos y no hablamos, lo que callamos pero sentimos, son parte de esta producción de cuerpos binarios. Esto no significa que materialmente no exista, por ejemplo, la matriz, el pene, la próstata, la vagina, los senos; no se puede negar que existen estos órganos y que tienen sus implicaciones, lo que sí podemos negar es estos órganos rijan nuestra identidad. Dicho territorialmente: no porque estemos en un lugar donde hay un fascista, significa entonces que eso nos hace fascistas; no porque tengamos pene, significa entonces que eso nos hace hombres.

Asimismo, la forma en que habitamos nuestros cuerpos es muy diferente. No solo eso, el modo en que los

---

44 Paul B. Preciado, *Testo yonqui. Sexo, drogas y biopolítica* (Barcelona: Anagrama, 2020), 129.

45 Tomo este concepto de la obra de Mario Mieli. Para más detalles, véase mi trabajo con Rubén Darío Martínez, "Infantilización, *educastración* y deseo: pensar lo queer en la pedagogía", *La Ventana*, 56, 2022: 10-44.

flujos, mecanismos y relaciones corporales se constituyen en nuestros cuerpos difiere en otras latitudes. Hoy sabemos que las mujeres cis que practican deportes intensos suelen perder la menstruación: "El entrenamiento de alto volumen e intensidad puede aumentar la incidencia de amenorrea, donde las mujeres con historia previa de irregularidades menstruales son más propensas a presentar esta disfunción, en relación con el entrenamiento"[46]. También el estudio de Schtscherbyna et al.[47] muestra que la perdida de la menstruación está relacionado con la edad en la que se inician las actividades deportivas; por consiguiente, el cuerpo se adapta a la actividad. Asimismo, la reciente investigación de Lu Ciccia muestra cómo las mujeres interiorizan la menstruación como un acontecimiento horrendo y hasta traumático:

> Años y años, tanto en primera persona como de generación en generación, aprendimos a vivir un proceso corporal cíclico con la siguiente asociación: sangre menstrual = «algún tipo de horror». Es decir, un cuerpo que aprende, mediante experiencia encarnada, que atravesará ciclos indefectiblemente inhabilitantes para algo. Una autoinhabilitación, porque nos la apropiamos: «Estoy cansada, me bajó ayer»; «Me siento fatal, ando en mis días»; «Tengo un humor... #%!?&». Entonces, ¿puede existir una serie de fluctuaciones hormonales *libre de interpretaciones culturales-materiales* que nos causa determinado estado anímico?[48]

---

46 Elena Konovalova, "El ciclo menstrual y el entrenamiento deportivo: una mirada al problema", *Revista U.D.C.A Actualidad & Divulgación Científica*, 16(2), 2013, 298.

47 Annie Schtscherbyna, Thiago Barreto, Fátima Palha de Oliveira, Ronir Raggio Luiz, Eliane de Abreu Soares y Beatriz Gonçalves Ribeiro, "A idade do início do treinamento, e não a composição corporal, está associada com disfunções menstruais em nadadoras adolescentes competitivas", *Revista Brasileira de Medicina do Esporte*, 18(3), 2012, 161-163.

48 Lu Ciccia, *La invención de los sexos. Cómo la ciencia puso el binarismo*

La cuestión no es negar que la menstruación puede ser (y en muchísimos casos lo es) dolorosa, sino mostrar cómo las mujeres la somatizan como una situación horrorosa y dolorosa. Bajo esta interpretación cultural, se produce una materialización (somatización) que hace que las mujeres habiten su corporalidad de un modo específico. Lo que Lu quiere dar a entender es que no es verdad que los procesos hormonales y órganos sean en todos los casos idénticos. Por ejemplo, una falsa postura en la ciencia como en los estudios trans es creer que testosterona = agresividad. De hecho, habría que pensar que muchos hombres trans, al pensar la hormona de este modo, somatizan el tratamiento de manera psicológica. Paul Preciado cuenta en múltiples pasajes lo que la testosterona le hacía vivir a él en su proceso:

> Siento que podría saltar hasta el balcón de enfrente y follarme a la vecina si me esperara con las piernas abiertas. Pero esta vez la testosterona, como biosuplemento energético activado en un programa cultural femenino, me lleva a ordenar y limpiar frenéticamente mi apartamento durante toda la noche.[49]

Por un lado, un deseo "varonil" de follarse a la vecina; por otro, un deseo "femenino" de limpiar. Lo que hace el testo es energizar a Paul; luego, el modo en que esta energía es filtrada, depende más de cómo se activa en Paul el "programa cultural" (femenino o masculino) que lo que la testosterona hace en sí misma. La testosterona no es la molécula de la masculinidad y la virilidad, sino que las personas trans somatizan psicológicamente sus efectos; lo cual no significa que no pueda producir desequilibrios

en nuestros cerebros y cómo los feminismos pueden ayudarnos a salir de ahí (México: Siglo XXI, 2022), 222.

49 Preciado, Testo yonqui, 77.

psíquicos en el proceso de regularización y adaptación, ni los cambios palpables en el cuerpo. Sin embargo, si lo que potencializa el modo en que la hormona se encarna en el cuerpo de Paul es la "programación cultural del género", entonces sucede que la binariedad del género y su expresión es siempre territorial. Paul Preciado habita una programación del género masculino que considera que un rasgo de lo viril es la posesión de la mujer de modo sexual. De hecho, el propio relato de Paul lo comprueba:

> Desde niña poseo una polla fantasmática de obrero. Reacciono a casi cualquier culo que se mueve. Me da lo mismo que sean culos de niña o de mamá, de burguesa o de paisana, de marica, de monja, de lesbiana o de zorra. La respuesta es inmediata en mi sexo cerebral. Todas las chicas, las más guapas, las más heterosexuales, esas que esperan a un príncipe azul naturalmente testosteronado, están en realidad destinadas, aun sin saberlo, a volverse perras penetradas por mis dildos.[50]

No quiero detenerme en los deslices falocéntricos de Preciado en el *Testo yonqui*, ni mi intención es analizar si Paul es tan queer como dice ser o si se ha deslizado en sus discursos el heteropatriarcado que encarna el hombre (sea trans o cis). Lo que quiero es constatar cómo la programación cultural del género nos hace identificar y desear ciertos rasgos sobre nosotrxs mismxs en cierto territorio.

CULTURA E INTERPRETACIÓN
DEL CUERPO-GÉNERO

¿No se nos decía maricas, jotos, puñales, parchitas, patos, putos, bolleras, tortilleras, areperas, marimachas,

---

50 Preciado, *Testo yonqui*, 74.

traileras, vestidas en la escuela y en el mundo entero por no cumplir con esta programación? No se trataba ni siquiera de sí, en realidad, deseábamos o no a los de nuestro mismo sexo, puesto que muchas personas consideradas de tal modo ni siquiera se consideran a sí mismas personas de la comunidad LGBTQIA+. En esto último, pienso en Billy, de *Billy Elliot*, quien no era un niño homosexual, pero justamente porque le gustaba la danza fue considerado como tal.

Pero ¿cómo se producen estos procesos de corporeización y regularización? Creo que se produce mediante los dispositivos pedagógicos. Por dispositivos pedagógicos entiendo la red de discursos de normalización y enseñanza de los buenos modales; o sea, los procesos de civilización. En estos incluyo a las artes y los productos culturales, y no solo a la escuela y la familia. A nuestro alrededor, todo nos dice que seamos hombres y/o mujeres. Lo radicalmente irónico es cómo, en este ejercicio, sucede que muchos cuerpos se consideran mujeres cuando deberían haberse considerado hombres, y viceversa. Pero también habría que preguntar: ¿y dónde quedan todos aquellos cuerpos que han logrado neutralizar el género?

En este punto consideraré los análisis de Teresa de Lauretis y el concepto de *tecnologías sociales del género*. Partiendo de los estudios de la semiótica y la materialización de los discursos a través del uso social de los lenguajes, de Lauretis ha establecido la relación entre formación social, género y arte:

> Mientras que los códigos y las formaciones sociales definen la posición del significado, el individuo reelabora esa posición en una construcción personal, subjetiva. Toda tecnología social —el cine, por ejemplo— es el aparato semiótico donde tiene lugar el encuentro y donde el individuo es interpelado

como sujeto. El cine es, a la vez, un aparato material y una actividad significativa que implica y constituye al sujeto, pero que no lo agota. Evidentemente, el cine y las películas interpelan a las mujeres lo mismo que a los hombres. Sin embargo, lo que distingue a las formas de esa interpelación está lejos de ser obvio.[51]

El cine, la literatura, la televisión, la radio, los discursos cotidianos, las expresiones del lenguaje familiar y social producen un aparato semiótico donde el individuo alcanza a subjetivarse físicamente, encarnando así un discurso que lo moldea por todos lados. No obstante, en el discurso de Teresa de Lauretis da la sensación de que tal subjetivación es mayormente consciente y no inconsciente, subterránea, naturalizada invisiblemente.

Lo llamativo de esto es cuando el deseo y el cuerpo (¡esa terrible bestia indomable que habita en nosotrxs!), nos arrastran a lo inesperado. Pienso en mi infancia y mi gusto espontáneo por caricaturas de niñas. ¿Cuántas horas no pasé viendo *Sailor Moon*? Y en mi adolescencia fui amante del anime que me permitió vivir una fantasía *cyborg-punk*. Sin embargo, también vi con mi hermano sus caricaturas y las disfruté, pero de una manera diferente a él. Recuerdo que mientras veíamos *Caballeros del Zodiaco*, mi hermano identificaba su cuerpo con Seiya y yo, en cambio, con Shun de Andrómeda. Mi hermano y yo tomamos caminos muy diferentes en la vida; la implicación corporal y psíquica de las caricaturas que compartimos se bifurcó en dos formas de habitarse.

Mi expresión de género fue inconsciente, puesto que yo jamás decidí por mí mismo habitar la feminidad en la infancia, y esto produjo en mí una marca de la di-

---

51 Teresa de Lauretis, *Alicia ya no. Feminismo, semiótica, cine*, trad. Silvia Iglesia Recuero (Madrid: Cátedra, 1992), 29.

ferencia. Es probable que mis amistades crean que yo siempre me consideré homosexual, pero eso es mentira. Tanto en mi infancia como en mi adolescencia tuve deseos por cuerpos de mujeres cis. Hoy ni siquiera puedo afirmar qué cuerpos me gustan. Hoy puedo decir que hay cuerpos femeninos y masculinos, como andróginos, que me atraen más allá del sexo que tengan entre las piernas, y esto ha sido también un producto del contacto con formas de pensar y de representar más abiertas a lo ambiguo. Mi deseo me fue llevando por los caminos del polimorfismo corporal.

EL DESEO Y LA FUGA

La persecución y control de mi sexualidad y expresión de género, en el territorio latinoamericano (Venezuela y México) me produjo daños psíquicos. En la adolescencia, tuve intentos de suicidios e ideaciones suicidas por mi diferencia. Pero fue esta misma soledad la que me llevó a buscar alternativas culturales para mi existencia y, con ello, otra cartografía donde fuese posible vivir y hablar. En todos esos procesos, encarné un cuerpo que se adaptaba, por un lado, a las necesidades de una heteronorma, por otro, a una homonorma. Fui un adolescente muy delgado que vigilaba su peso y su estética para ser deseado por otros hombres; a la vez, fui un adolescente que mantuvo un perfil bajo para poder habitar en la selva hetera. Así pues, adquirí una ambigüedad genérica: ni tan hombre ni tan mujer; pero lo hice desde la sobrevivencia y no desde la consciencia. Fue el modo en que logré que mi deseo homosexual no fuese aplastado y mi territorialidad heterosexual no me excluyera del todo. Como muchos homosexuales, también debo decir que me volví obsesionado con la escuela para poder sobrevivir, por lo que siempre fui un buen alumno.

En este relato algo desborda el discurso del género: la espontaneidad del cuerpo a adherirse a ciertos objetos. No quiero caer en un discurso psicoanalizante mágico que dice que, en realidad, me adherí a ciertas representaciones femeninas en busca de la madre o el padre perdido. Tengo la sensación de que, al contrario, lo que tales productos culturales hicieron en mí fue alejarme del territorio de signos familiares, arrojándome a nuevas corporalidades que yo no podía habitar y que deseaba. No quería ser mi madre o mi padre, quería ser, algo más que la madre o el padre (y el hermano). Era una necesidad de diferencia y reconocimiento más allá de esta estructura. Siempre quise fugarme, sin embargo, quería también seguir en mis relaciones con los miembros de mi familia. Tengo algunos recuerdos de un deseo infantil de aventura. Soñaba y escribía sobre eso. Algo en mí que me solicitaba diferencia, aunque fuese imaginativamente.

Hay un momento importante en mi vida que me mostró (¡antes de leer a Butler!) que mi cuerpo era plástico y ambiguo en sí mismo. Cuando tenía apenas seis años, decidí ponerme una prenda de mi madre. No lo hice para imitarla, ni siquiera porque fuese de ella. Lo hice porque me gustaba la textura y el color: era color melocotón, de una tela aterciopelada. Fue tanto mi placer que me dormí con ella puesta. Cuando mi madre llegó a casa, lo primero que hizo, al verme, fue gritarme que aquella prenda "¡Era solo para mujeres!". ¿Qué significaba aquello? ¿Aquella significación era universal, contextual o territorial? ¿Qué implicaciones tenía usar aquella prenda en mi infancia en comparación con usarla ahora, mayor de edad?

Aquella experiencia me marcó psíquica y corporalmente. Por primera vez, y sin que lo dijera directamente, mi madre había insinuado que, si yo usaba una prenda femenina, algo me pasaría. ¿Qué era eso que una prenda afectaba? ¿No era acaso mi identidad? No era yo quien modificaba mi identidad, sino que un acto me modificaba. Yo ni siquiera sabía claramente qué era tener una identidad; yo no me preocupaba de aquello en el momento en que, por juego y deseo, me puse aquella prenda. No fue un acto paródico o de travestismo como pensaría Butler, ni siquiera fue un acto consciente. Más bien aquello fue un accidente que fracturó para siempre la percepción que yo tenía del mundo y de mi propio cuerpo. Pero este accidente está siempre inscrito en una red de signos que un territorio comparte y en el cual yo adquirí mi consciencia de la diferencia, de la abyección.

De aquello no se habló más, pero en mí nació la siguiente pregunta: ¿por qué había ropas "de mujer" y "de hombre"? Como yo no paraba la boca y mi familia me dejaba preguntar, recuerdo que, en la casa de mis abuelos paternos, lejos del lugar donde mi madre me había pillado usando su ropa, le pregunté a una de mis primas aquella inquietud. Entonces ella me dio una respuesta más sorprendente: "No es verdad que solo exista ropa de mujer o de hombre, hay ropa unisex". Aquel concepto marcó para siempre mi desarrollo personal. Había un término que rompía las barreras del sexo/género, y no por ello se insertaba en una política no binaria o queer. No se trataba ni siquiera de eso, eran sencillamente prendas neutrales. De hecho, mucha de la moda unisex sigue siendo la que actualmente hoy uso: petos, overoles, shorts, jeans, suéteres, playeras de cuello redondo, zapatillas de deporte como las Vans o Converse. Sin decirle a mi madre, comencé a vestir neutralmente.

Psíquicamente, esto me afectó de modo subterráneo: comencé a darme cuenta de que la división binaria de la ropa y las actitudes eran falsas; que no era cierto que las mujeres fuesen mejores para algunas cosas (mi mamá suele decir que son más sensibles) y los hombres para otras (mi madre suele decir que son más calculadores). Yo no sé calcular bien (mis amistades son testigos de que me salen mal las sumas); en cambio, escribo poesía. ¿Eso me hace mujer? Sin embargo, no fui yo desde mi propia persona la que hizo esta crítica, fue el territorio de signos que se materializa en ciertas expresiones de vestimenta la que me permitió vivir tal experiencia sin una autocrítica digna de la academia. Adentro de mi cultura, hubo representaciones que me permitieron fugar y alcanzar un territorio simbólico diferente al que se me ofrecía.

Quizás sin mi madre saberlo, contribuyó en mí a una desgeneralización. En mi formación de adolescente lector, me recomendó a múltiples escritoras feministas que en vez de solo ayudarme a respetar a las mujeres, produjeron en mí la gran pregunta: ¿soy acaso yo un hombre?¿Seré yo una mujer?

Muchas de las situaciones que Plath, Woolf o Beauvoir relataban yo las sentía como propias. En mis primeros años de adultez, me percaté de que muchas maricas vivimos violencias como las mujeres. Mis primeras parejas me trataban no como un hombre, sino como un cuerpo feminizado. Y del mismo modo que las mujeres interiorizan que menstruación = horror, yo interioricé que feminidad = violencia, y que no era necesario ser mujer para ser feminizado. Por tanto, tuve que aprender a ser hombre, pero no tan hombre para ser lo que las feministas odiaban, ni tan mujer para ser pensado como femenino. Yo habitaba lo ambiguo y no por ello lo andrógino. Esta fue mi reprogramación del género.

APRENDER A LEER CHUECO: PENSAMIENTO Y CORPORALIDAD

Hay un escenario en mi vida que sigue siendo el territorio de signos donde habito y la red de la araña donde caigo con constancia. Estoy tratando de ser una mosca con alas de puñales. Estoy tratando de volverme kamikaze y reventar esta red. Soy estudiante de filosofía, o dicho más francamente, de humanidades. En un principio, no había comprendido que, en el discurso humanista, el que habla es siempre un *Yo* masculino y un *nosotros* masculino blanco. No se incluye a negras, maricas, tortilleras, depresivxs, ni siquiera al placer. Nadie coge o se masturba, pero existe un sexo (simbólico) que ejerce el poder: el falo.

La filosofía es un campo absolutamente incorpóreo, al punto de que se habla de "pasiones intelectuales", como las llama Martha Nussbaum. Pero antes de entrar a la carrera, yo ya me masturbaba leyendo novelas de gays o lloraba como mariquita depresiva leyendo a Alejandra Pizarnik, ya era un cuerpo demasiado corpóreo. Entonces la espiritualización de mi existencia fue una violación que aún sigue teniendo daños psíquicos. Contar en este ensayo mi vida me parece una traición a la forma en que me enseñaron a habitar el pensamiento. Todo es somatopolítico. Corporeizar mi saber es mostrar cómo mi deseo fue el que me obligó a buscar nuevos territorios. Es claro que la filosofía no me brindó lo que buscaba.

Cuando leí a Catherine Malabou, esta me enseñó radicalmente a darme cuenta de la neutralización de mi sexo en la filosofía, pero también en la adquisición del placer del texto, del gozo de la escritura. Como dice elle:

> la filosofía no trabaja los cuerpos únicamente con miras ortopédicas. No es solo un amaestramiento. También esculpe una erótica que permite nuevas conexiones entre energía espiritual y energía libidinal. No hablo de una sexualidad idealizada o metaforizada, sino de un efecto sexualizante del discurso.[52]

Quien ha escrito filosofía reconocerá este placer masoquista. Los conceptos difíciles, cuando son comprendidos, producen psíquicamente una especie de orgasmo. Cuando después de un año estudiando a Hegel, Heidegger o Sartre, algo en nuestro cerebro por fin conecta todos los conceptos de los sistemas, sentimos un gozo pleno. Quizás no se siente del mismo modo que un orgasmo, pero sí es algo físico. Cuando acabé mi tesis sobre María Zambrano, por ejemplo, dormí esa noche como un bebé del placer de la escritura. Como declara Malabou: "es obvio que, por decirlo de algún modo, ya no tengo el mismo cuerpo desde que pienso"[53]. Sin embargo, pensar no es siempre algo consciente o que dirigimos. Pensar es un acontecimiento que nos arrastra, como el deseo, a campos insospechados. ¿Quién no ha tenido espontáneamente un pensamiento que le alegre o le entristezca? Ser capaces de pensar el texto como placer o displacer, es ya degenerar la filosofía, es erotizarla. Cuando pensamos, también nuestro deseo se activa; también nuestra libido despierta. ¿Quién no ha

---

52 Catherine Malabou, *El placer borrado. Clítoris y pensamiento*, trad. Horacio Pons (Santiago de Chile: La Cebra, 2021), 108.

53 Malabou, *El placer borrado*, 108.

sentido la misma sensación de una mala cogida después de una disputa que termina en el desacuerdo con una persona que se quiere? Muchas personas que nos dedicamos a la filosofía, debido a lo anterior, no hacemos nuestra vida sexual con los de nuestro propio gremio.

Si decíamos que vivimos un mundo donde el cuerpo, a través del lenguaje, somatiza una corporalización, habría que pensar que hay dos alternativas para salir de esta programación: el accidente del deseo y del cuerpo, y el deseo de accidentarse. El pensamiento puede ser capaz de enchuecar nuestra vida cuando se usa críticamente. De ahí que la lectura de teoría queer fue lo que me salvó del falo violador de la filosofía.

CORPORALIDADES DIFERENCIALES

La programación de la heterosexualidad obligatoria no espera que un cuerpo se revele. Cuando mi mamá pensó cuál sería mi sexo, estoy segure que jamás le pasó por la mente que un día le diría: "¡Mamá, soy marica!". Eso es un accidente del ser por la vida. Cuando digo *ser* me refiero a la idealización que cristaliza a los deseos en modos de ser delimitados y deseables para un régimen de signos. Podemos dirigir nuestros deseos, pero no podemos controlar sus accidentes y devenires. Es claro que el régimen actual ha producido mecanismos para eliminar la diferencia.

Pero el accidente de mi deseo, su devenir inintencional, produjo que mi corporalidad pensase e hiciese otras prácticas no normativas. Esta experiencia me permitió una ruptura con el orden establecido. Desde esta perspectiva, también pienso en el modo en que muchas personas con discapacidad usan su sexualidad en la producción de otras relaciones no heteronormativas. Un accidente físico puede revelar cómo el territorio rechaza y erradica a los cuerpos diferentes. Sin embargo, muchos de estos cuerpos diferentes son raptados por la red de instituciones de control y son puestos a disposición de una ciencia que los despotencializa. En este sentido, también las personas con discapacidad tienen derecho al gozo, y de ahí la necesidad de reconstruir el territorio en favor de las múltiples formas de la corporalidad. Ciudad de México, por ejemplo, es una ciudad imposible de vivir para una persona en silla de ruedas, ciega o con problemas motrices, por cuanto todo el territorio está diseñado en favor de las personas "saludables". Para lxs neurodivergentes, la ciudad es siempre una monstruosidad de ruido y ansiedad. La negación de los cuerpos diferentes produce una territorialidad hostil y suicida, volviendo tales vidas disfuncionales.

Pero en esta situación, habría que pensar que el vacío territorial permite la construcción de nuevas formas de vida inesperadas en tanto que no han sido representadas e imaginadas por el aparato capitalista. Lo que estos cuerpos necesitan es un *agenciamiento* que les permita sobrevivir en manada y les permita construir el mundo que mejor les beneficie y potencialice sus existencias, abriendo paso a una ética queer de cuidado, prudencia y goce. Por ello creo que, al ser una marica triste (enferma mental), me uno con otras formas de vida no normativas que no necesariamente son del espectro LGBTQIA+.

¿Cómo hacerme un cuerpo en lo social? ¿Cómo integrarme en el mundo? Ahora las adolescencias LGBTQIA+ lo tienen más fácil. Por todos lados hay cine, literatura, música, teatro y hasta salones queer. Sin embargo, esto podría volver a caer en una mundialización de la identidad y en una capitalización de la abyección. En mi crecimiento, en cambio, mi cuerpo estaba perdido en el campo de lo simbólico. México ha evolucionado mucho en materia de representación, especialmente en los últimos diez años. Aunque parezca esto trágico, en mi situación y pensándolo retrospectivamente, me permitió subjetivarme más allá del queernacionalista. Al no tener lugar, al no poder ser parte del lugar que se me asigna, encarné una dislocación accidentada. Sara Ahmed, por ejemplo, ha hablado de los *sentimientos que desorganizan*:

> Los momentos de desorientación son vitales. Hay experiencias corporales que trastocan el mundo, o que arrancan al cuerpo de sus raíces. La desorientación como sensación corporal puede ser desestabilizadora, puede destruir la confianza que la persona tiene en sus fundamentos, o la creencia en que los fundamentos que tenemos pueden sostener las acciones que hacen nuestra vida más vivible. Estos sentimientos de destrucción, o de estar destrozada, pueden persistir y convertirse en una crisis. O el sentimiento mismo puede pasarse, cuando los fundamentos vuelven o cuando volvemos a esos fundamentos. El cuerpo puede ser reorientado si la mano que se tiende alcanza algo para afianzar una acción. O la mano puede tenderse y no encontrar nada, y puede en cambio agarrar la indeterminación del aire. El cuerpo, cuando pierde su apoyo, puede perderse, deshacerse, verse arrojado.[54]

Mi deseo me desorientaba al igual que a un cuerpo con discapacidad. Al no tener representaciones, tenía tres opciones: morir en el vacío de la no-identidad, identificarme o crear una política de la no-identidad. Una solida-

---

54 Sara Ahmed, *Fenomenología queer: orientaciones, objetos, otros*, trad. Javier Sáez (Barcelona: Edicions Bellaterra, 2019), 219.

ridad con la discapacidad y con lxs desposeídxs nos debe obligar a entender que no podemos solo relacionarnos con nuestrxs iguales, sino que el sistema de opresión es un territorio que produce múltiples cuerpos-basura. No es conveniente dedicarnos a producir representaciones y territorios separatistas para ciertxs marginadxs; la cuestión debe ser la producción de una espacialidad queer hospitalaria, de cuidado y responsabilidad. Al igual que Paul Preciado, me considero una ciudad donde mi cuerpo tiene múltiples arquitecturas:

> Mi cuerpo vivo, no diré mi consciente ni mi consciencia, sino mi cuerpo vivo que engloba todo, absolutamente todo, en su mutación constante y en sus múltiples devenires, es como una ciudad griega, en la que los edificios contemporáneos trans conviven con posmodernas arquitecturas lesbianas y con bellas mansiones femeninas *art déco*, bajo cuyas fundaciones subsisten ruinas clásicas, restos animales o vegetales, fundamentos minerales y químicos a veces invisibles. Las huellas que la vida pasada dejó en mi memoria se han hecho cada vez más complejas y singulares.[55]

Esa transformación, esa transición de mi existencia, de mi corporalidad, ha sido un proceso de desomatización: por un lado, del hombre sano que decían que era, por otro, de la marica afeminada que me hicieron ser. Con el tiempo, comprendí que ni mis sentimientos, ni mis pasiones, ni mis erecciones ni mis deseos eran solamente naturales, sino que todo ello pasaba por dispositivos de somatización semiótica cultural y que esto le pasaba a todas las personas de la Tierra.

¿Qué hubiese pasado si hubiese sido una marica en París con una familia francesa? ¿Qué sería de mí si es-

---

55 Paul B. Preciado, *Yo soy un monstruo que os habla* (Barcelona: Anagrama, 2021), 27.

tuviese en silla de ruedas? ¿Cómo sería mi sexualidad y mi deseo si hubiese nacido con la piel negra en EE. UU.? Quizás algo muy diferente a todo lo que me pasó. Quizás hoy ni siquiera podría escribir esto.

MAMÁ, ¿SOY QUEER?

Mamá me cuenta que tiene un sueño. Me dice: "He soñado que te vistes de mujer". No entiendo lo que me dice. ¿Qué significa vestirse de mujer? Mi mamá usa mucha ropa que yo podría ponerme; siempre anda en jeans. Si uso jeans como los de mamá, ¿me visto cómo mujer? Mamá me representa bajo una semiótica que le dice que hay prendas de mujer. Mamá ha regresado a sus terrores de mi infancia: ya no tener un hijo puto, que eso ya lo acepta, sino tener un hijo ¿travesti?, ¿transformista?, ¿queer? No me atrevo a preguntarle qué significa para ella soñarme vestido de mujer. Pero ese "terror" que ella vive, y que quisiera que no viviese, es lo que yo llamo *queeridad*, donde mi acontecer físico hace titubear en ella su simbología.

> [Al cuerpo] siempre le es preciso permanecer en el mundo, y ese trabajo de adecuación supone una salida de sí mismo, el montaje de una plataforma entre biológica y simbólica, cuerpo y carne del mundo. Lo simbólico no es la tumba de la materia, es su relocalización.[56]

Cuando mamá me sueña así, es porque hay algo en mí que corpóreamente afecta su semiótica; asimismo, hay algo simbólico en mí que se materializa. Mi devenir-queer es situado y tiene un largo proceso consciente

---

56 Malabou, *El placer borrado*, 115.

e inconsciente en mi presencia. Estoy segurx de que en muchos lugares, dependiendo de cómo me vea ese día, seré considerado un muchacho afeminado, pero quizás no gay (hasta que hable, claro; o me sienta en confianza); también es posible que en otros sea más que gay, una vestida. Pienso, entonces, en cómo la corporalidad no solo es propia, sino relacional.

Mi cuerpo afecta a otros cuerpos, les produce deseos, repudios, dudas. Mi mejor amigx y yo constantemente producimos miradas de incertidumbre. A veces jugamos con ello. "Hoy te ves demasiado lesbiana" o "Hoy traes el corte de Butler"; "Hoy andas muy trans" o "Hoy te ves muy joto". Estas expresiones demuestran que, en nuestros imaginarios, hay una representatividad de cómo se van viendo las lesbianas, las personas no binares, las trans, los *jotos*, etc. Lo gracioso de esto es cuando la programación heterosexual entra en confusión corporal. De eso se trata la queeridad territorial: intentar producir el dislocamiento en el otro y mostrar, si es posible, que tampoco su cuerpo está libre de ambigüedad. Pero, como hemos descrito, para habitar en lo queer es necesario no solo hacerse con un cuerpo, sino hacerlo de manera relacional y colectivamente.

De lo que se trata es de hacer un cuerpo sin-órganos capaz de explotar el territorio hetero-cis-patriarcal en la desprogramación queer de la identidad sexo-afectiva que creemos ser ontológicamente afuera de todo territorio y vida.

III
EL BAILE DE LOS PUÑALES:
¡VAMOS AL NOA-NOA!

Durante todo este escrito he mantenido una postura ambigua en lo que respecta a lo queer. Por un lado, me he afirmado en múltiples pasajes como "queer" o, por lo menos, como alguien que apoya diversas posturas de tal teoría. Ahora quisiera enchuecar, enmierdar, ensuciar tal concepción. Hay dos palabras del argot mexicano que siempre me gustaron cuando me identifiqué como homosexual en esta red de discursos: ambiente y puñal. Estas dos expresiones constituirán, de manera provisional, algo así como una ética de los ambientes puñales que producen territorialidades (y por tanto prácticas) disidentes entre los participantes. Ahora bien, cuando hablo de ética nunca me estoy refiriendo a una moral de predicados y normas, sino a un modo de habitar el territorio de manera vital con lxs otrxs, con el fin de potencializar la vida. La ética, por otro lado, ha tenido dos acepciones: una individual (éticas egoístas como la del capitalismo) y otra comunal (éticas del cuidado). Particularmente, yo me adhiero a la segunda siempre y cuando por comunidad no se considere una secta cerrada en sí misma, sino un espacio abierto a la extranjería y al cambio, comunidad monadológica. En ambos casos, no debemos creer que el deseo lo es todo, sino que las prácticas que parten hacia y desde el deseo, constituyen actos de responsabilidad con sí y con le otre.

Detengámonos en esas dos palabras mexicanas: puñal y ambiente. Cuando llegué a México en el 2008, se solía decir que alguien era no-heterosexual (¡y vaya a saber si era gay, lesbiana, travesti, trans o bisexual!) porque era "alguien de ambiente". Era tan popular esta expresión que hasta Juan Gabriel la había incluido en su célebre canción *El noa-noa*: "este es un lugar de ambiente, donde todo es diferente". En el caso de *puñal*, era una de las excepciones para nombrar a los jotos. Sin embargo, a diferencia de *joto* que, según cuenta la leyenda, fue la palabra con la que designaron a los "invertidos" que eran encerrados en la celda J de Lecumberri[57]. *Puñal*, tengo entendido que fue el modo de designar a los homosexuales por dos motivos: 1. porque son traicioneros y matan por la espalda y 2. porque, siguiendo la misma analogía, cogen por el culo. Asimismo, habría que pensar que el falo del homosexual, al ser usado para penetrar un culo y no una vagina, es tan letal como un puñal. En suma, el término *puñal* permite pensar el carácter de traición del ambiente queer como una forma de instaurar una tradición de la traición al patriarcado.

NOSOTRXS LXS DE AMBIENTE

La cuestión de ser alguien de ambiente no era solamente ser no-heterosexual, sino participar en los lugares de

---

57 Guido Gómez de Silva, *Diccionario breve de mexicanismos*, https://www.academia.org.mx/consultas/obras-de-consulta-en-linea/diccionario-breve-de-mexicanismos-de-guido-gomez-de-silva

ambiente, de ir a ellos, conocerlos, ser *un entendido* (como dirían en la Argentina de Perlongher) de una cartografía disidente. Estos lugares no se han perdido, sin embargo han sido capturados por el capitalismo. Zona Rosa, que era el territorio de ambiente, ha devenido gueto de dinero rosa. Esto significa que lo que antes era un lugar de disidencia, puede volverse un lugar de capital.

En cuanto a mi experiencia, fue lamentable ver cómo muchas personas se integraron a un circuito blanco de eventos queer, donde se cobra entrada y se vivía bajo el sistema del capital. Pervert, Sodoma, la Fábrica de Harina y otros eventos de este tipo mostraron cómo los gays cis pueden participar del circuito consumista. Mientras tanto, ¿adónde nos hemos ido nosotras, las locas empobrecidas y prietas?

No quisiera dar un mapeo de lugares, pues esto sería creer que yo los conozco todos, en cambio, quisiera decir que el ambiente, en tanto que un evento donde la identidad se pierde, donde ya no somos ni hombres ni mujeres, ni maricas ni heteros, ni trans ni queer, sino "gente de ambiente", sigue existiendo. Por muy sorprendente que suene, han sido muchos los lugares de música punk, dark y rock en donde he visto esa desidentificación[58] de la subjetividad. En estos lugares, no se trata del posicionamiento identitario, sino del flujo del deseo en prácticas diferenciales. Debo decir que esto se da frecuentemente a través del uso comunal de drogas y bebidas alcohólicas, produciendo así un éxtasis o salida de sí. En estos lugares, como piensa Muñoz al hablar de la desidentificación, se está, por un lado, adentro del circuito cultural capitalista

---

58 José Esteban Muñoz, *Disidentifications. Queers of color and the performance of politics* (Minneapolis: University of Minnesota, 1999).

(puesto que son lugares donde se vende y se producen eventos minoritarios, pero capitalizables), y a la par siendo anarquistas y anti-indentirarios, en resistencia.

El ambiente como espacio de desidentificación implica la producción de una estrategia donde no se sea tan *abyecto* como para no poder habitar las calles del capital, pero tampoco tan *educado* como para no producir contracorrientes y dislocaciones. Son espacios de dislocaciones que producen superposiciones del territorio comunal. A estos no solo van personas punk, dark o rockanroleras, sino una fauna de criaturas salvajes indomables. No puedo negar que en ellos también suceden discriminaciones y agresiones, pero sí puedo declarar que mayormente hay un ambiente de queeridad.

Ahora bien, no creo que los lugares de desidentificación deban ser pensados solo en los espacios de fiesta, aunque estos fueron los más frecuentados por la comunidad LGBTQIA+. Es posible producir la queeridad desde prácticas dislocantes, como puede ser la producción de una pedagogía queer en los espacios universitarios, el diálogo en lugares de discusión y democratización, o una simple tarde entre amigxs. Lo que hace falta es reconocer el momento oportuno para producir el rompimiento a la norma sin morir o salir traumatizados en el intento (kayros queer). En estos momentos, se produce un contagio comunal, es decir, una jotería compartida. El gran temor de la sociedad actual, y ya lo vimos con la pandemia del Covid-19, es el contagio. La queeridad, como evento que produce un territorio de ambiente, hará acontecer a las subjetividades queer que tensan su identidad reglamentaria. Es la producción de una orgía de los cuerpos en la desorganización de las comprensiones y de las funciones orgánicas.

Por *orgía* entiendo lo que antiguamente se entendía en las fiestas de Baco: la producción de un éxtasis alegre y la entrega plena al ritual. Ya no se era el cuerpo individual encerrado en sí mismo, sino el cuerpo-sin-órganos comunal. Como explican Gilles Deleuze y Félix Guattari, habrá que pensar que los cuerpos-sin-órganos (CsO) no solo son la desidentificación del cuerpo con sus órganos, sino también en la producción de otras organizaciones corporales y pragmáticas. Por eso dicen que debemos ser prudentes con ello: "No la sabiduría, sino la prudencia como dosis, como regla inmanente a la experimentación: inyecciones de prudencia"[59], lo cual muestra que no basta solo el deseo, sino que hace falta una ética del deseo. Pero el CsO no es algo mío o tuyo, no es algo ni siquiera nuestro, es algo que pasa, que acontece, que sucede entre yo y el otro, entre el otro que soy yo, y el yo que es otro. ¿Y dónde pasa esto? En la territorialización. Sin embargo, el CsO no es el plano ni el cuerpo en el plano, sino el evento de desterritorialización de tales planos:

> El CsO hace pasar intensidades, las produce y las distribuye en un *spatium* a su vez intenso, inextenso. Ni es espacio ni está en el espacio, es materia que ocupará el espacio en tal o tal grado, en el grado que corresponde a las intensidades producidas. Es la materia intensa y no formada, no estratificada, la matriz intensiva, la intensidad = 0; pero no hay nada negativo en ese cero, no hay intensidades negativas ni contrarias. Materia igual a energía. Producción de lo real como magnitud intensiva a partir de cero. Por eso nosotros tratamos el CsO como el huevo lleno anterior a la extensión del organismo y a la organización de los órganos, anterior a la formación de los estratos, el huevo intenso que se define por ejes y vectores,

---

59 Gilles Deleuze y Félix Guattari, *Mil mesetas. Capitalismo y esquizofrenia*, trad. José Vázquez Pérez y Umbelina Larraceleta (Valencia: Pre-textos, 2020), 198.

gradientes y umbrales, tendencias dinámicas con mutación de energía, movimientos cinemáticos con desplazamientos de grupos, migraciones, y todo ello independientemente de las *formas* accesorias, puesto que los órganos solo aparecen y funcionan aquí como intensidades puras.[60]

El CsO siempre se está haciendo en tanto que es una actividad de desorganización y reorganización diferencial ("intensidades producidas") consciente e inconscientemente. Permite desbordar al sistema de signos establecidos. Por ello comparan al CsO con la *Ética* de Spinoza. Para Spinoza no se es un ser ya delimitado y encerrado en sí mismo, completo, sino un modo del ser que está en un plano en relación con otros modos del ser que producirán figuras (geometría vital) y que siempre pueden desarticularse.

Un cuerpo en cuanto tal es la forma acontecida de una organización que siempre podría ser de otro modo y que el CsO, en su eventualidad, puede dislocar. Un CsO queer (ambiente) es aquel que desorganiza a las formas del deseo sexual, a la expresión del género y la cristalización de un dispositivo de la sexualidad en la producción de otras intensidades y modos de ser. El CsO queer apuñala y descuartiza al cuerpo cristalizado del hetero-cis-patriarcado, tal y como la descuartización de Baco/Dioniso que no impidió que volviese a nacer (Dioniso significa "el dos veces nacido"). Volver a nacer, renacer en otra forma de ser, en otra expresión, en otros discursos y territorios. Habría que pensar que la queeridad es un hacerse deshaciéndose en la ritualidad. Así pues, el carácter de la queeridad no es la repetición y la cristalización de un modo de ser, sino una forma de habitar heteróclitamente. En palabras de Guy Hocquenghem:

---

60 Deleuze y Guattari, *Mil mesetas*, 201.

El carácter «heteróclito» del deseo homosexual lo convierte en peligroso para la sexualidad dominante. *Mil comportamientos* homosexuales desafían cada día la clasificación que intentan imponerles. La unificación de las prácticas del deseo homosexual bajo el término de «homosexualidad» resulta tan imaginaria como la unificación de las pulsiones parciales en el yo.[61]

Los lugares de ambiente, tal y como aquí se piensan y no como los vende el capital, permiten la fuga a la regularización y clasificación de nuestras vidas. En este punto, resulta pertinente recordar que la desidentificación no se trata del rompimiento absoluto con la identidad a criticar y a erradicar, sino de un punto medio entre lo que no ha sido y lo que se permite ser. De tal manera, un territorio de ambiente no puede considerarse totalmente ininteligible, sino que debe ser prudente y estratégico en su producción de nuevas subjetividades. Ahora quisiera detenerme en la cuestión de la territorialidad y los parentescos que ahí se forman.

Entre la comunidad LGBTQIA+, se comenzó a usar hace décadas el término *hermana* para hablarnos entre nosotras. Así pues, se producía una especie de hermandad gaya[62]. Esta hermandad constituye la posibilidad de un espacio de desahogo, cuidado, festividad y alegría. La desidentificación resulta de la producción de una "familia" que tiene ciertos roles de la familia tradicional, pero que la pervierte. Por ejemplo, Norman Monroy y lxs Xoconostles son una familia de parentescos raros donde Norman funge como una especie de Xan-

---

61 Guy Hocquenghem, *El deseo homosexual*, trad. Geoffroy Huard de la Matre (España: Melusina, 2009), 129. Cursivas mías.

62 Zapata, *El vampiro de la colonia Roma*, 208.

dre-hermana (¡Edipo se revuelve en su tumba!). Norman media entre los conflictos internos de la familia no-consanguínea y a la vez permite las relaciones entre los miembros sin su supervisión.

¿Pero de dónde nace esta hermandad? De la producción de la abyección. Al ser personas que vivimos lanzados al vacío de la heterosexualidad normativa, hemos adquirido una herida que nos vincula; de ahí que para mí las teorías crip y queer van siempre de la mano. La tristeza, la vergüenza, la orfandad, la discapacidad, la desterritorialización de la identidad en el vacío de la vida queer, nos obligan a producir nuevos espacios de resistencia, de ambiente, de cuidado y hasta de muerte alegre. Bajo esta idea, la espacialidad queer produce otras formas de felicidad que no se adaptan a la heteronorma y que suelen ser consideradas, bajo la normatividad actual, infelicidad. Muñoz, Edelman, Hocquenghem, Preciado y Butler están preocupadxs por cómo hemos olvidado esta posibilidad de alcanzar otra política del espacio. Pero no solo eso, deberíamos preocuparnos de que la comunidad LGBTQIA+, bajo el asimilacionismo, olvide esas otras posibilidades en favor de la replicación de la mismidad (tener hijos, casarse monógamamente, ser egoísta, despolitizado, etc.). Quizás sería conveniente recuperar en nosotrxs la memoria del fracaso queer para replantearnos qué nuevos futuros podemos constituir en nuevas prácticas. Ahmed ha sido precisa en señalar que

> La felicidad heterosexual está sobrerrepresentada, a menudo por medio de la insistente reiteración de amenazas y obstáculos que ponen en riesgo su efectiva consecución. El amor heterosexual supone la posibilidad de un final feliz, aquello que orienta la vida, le da dirección o propósito, incluso aquello que orienta cualquier historia. Resulta di-

fícil separar la narración como tal de la reproducción de la heterosexualidad feliz.[63]

No solo la heterosexualidad normativa (que no tiene nada que ver con muchas vidas no normativas de personas heterosexuales) se siente amenazada por la presencia de los otros (queer, migrantes, racializadxs, pobres, vagabundxs, delincuentes), sino que también se tambalea cuando estxs logran producir nuevas agencias diferenciales de afirmación, comunidad, cuidado y transformación de sí mismxs y de lxs otrxs en una potencialización de la vida y la alegría. Una alegría chueca y de ambiente, siempre va a ser perseguida. La familia no-consanguínea instaura una nueva política de la no reproductibilidad que crea una felicidad incómoda y comunal.

Es lamentable que hoy muchas personas LGBTQIA+ deseen tener hijxs de su propia sangre, y las políticas de adopción y cuidado de lxs huérfanxs, vuelva a estar en declive. Sin embargo, los lugares de ambiente que no solo son festivos sino de cuidados, abren paso a una nueva configuración. Como piensa Félix Guattari, es urgente reconfigurar las ciudades a través de una nueva arquitectura ecosófica; es decir que tenga en cuenta lo simbólico (el lenguaje y los medios de comunicación o semiotización), lo material (el cuerpo y sus devenires espontáneos) y a las otredades (la diferencia con sus procesos de subjetivación)[64]. Ser capaces de construir una ciudad nómada, ambientada y hospitalaria, es la tarea de una arquitectura queer que disloca al urbanismo hetero-cis-patriarcal

---

63 Sara Ahmed, *La promesa de la felicidad. Una crítica cultural al imperativo de la alegría*, trad. Hugo Salas (Buenos Aires: Caja Negra, 2019), 197.

64 Félix Guattari, *¿Qué es la ecosofía?*, trad. Pablo Ariel Ires (Buenos Aires: Cactus, 2015).

en el acontecimiento ambiental. Las palabras del gran olvidado Ricardo Llamas sirven como brújula para ello:

> No se trata ya de definir «lo» que se es, sino de localizar en cada momento «dónde» —en qué posición marginal de resistencia al régimen— se está. Eso es ser *queer*. Una renuncia a cualquier referente o verdad estable; un posicionamiento que no es reductible a ninguna substancia.[65]

En tanto que las familias desidentificadas de ambiente habitan el urbanismo hetero, producen con su presencia la desorganización de los lugares y obligan a pensar otras formas de habitar y de relacionarse con lxs otrxs. Cabría también precisar que si la queeridad es un efecto territorial, esto también incluye la relación con otras especies, como Donna Haraway ha mostrado con el concepto de *simpoiesis*[66].

Retomando a lxs Xoconostles, pienso en la relación que muchxs de ellxs tienen con otras especies: Norman con Yuderkys le gatx-sanadorx y Chanty Xoconostle con Leia, la gata-hermana. también en Virginia y Hikuri, mis perras-guías. Esta forma de hacer familia, de hacer afectos en medio de los accidentes de la vida, saca a los sujetos humanos de sus marcos de cuidado y respeto y los arroja a la pregunta: ¿es posible habitar el mundo en una simpoiesis con otras especies? Quienes habitamos con animales sabemos que esta respuesta es siempre afirmativa.

Si las personas negras fueron consideradas animales y les queer bestias, habría que producir, desde este discurso, un devenir-animal territorial, en vez de una afirmación

---

65 Ricardo Llamas, *Teoría torcida. Prejuicios y discursos en torno a «la homosexualidad»* (Madrid: Siglo XXI, 1998), 376.

66 Donna Haraway, "Simpoiesis. Simbiogénesis y las artes vitales de seguir con el problema" en *Seguir con el problema. Generar parentescos en el Chthuluceno*, trad. Helen Torres (España: Consonni, 2019), 99-152.

humanística que nos obliga a proclamar los derechos de la ciudadanía hetero-cis-patriarcal. Al ser arrojado a los no lugares, al vivir una negatividad que se agencia en la hermandad gaya, al encontrar en medio del territorio otros indefensxs como nosotrxs (los animales, lxs migrantes, lxs enfermos), la territorialidad queer debe ser capaz de ser hospitalaria, de no abandonar en el aire a aquellxs que han quedado desahuciadxs, que se han vuelto bastardxs. Devenir-salvajes, pero no por ello inhumanos. Jack Halberstam ha dicho sobre lo salvaje que

> Lo salvaje, como expresan estas dos imágenes, muestra un conjunto de relaciones entre humanos y animales, representaciones humanas de animales, animales simbólicos (el perro de peluche), mascotas, familia, mundo, performance, vestuario, naturaleza, espacio y temporalidad.[67]

En la actualidad, hay una bella novela que expresa muy bien la manera en que un lugar de ambiente produce que una familia de raras, travestis, salvajes, devengan manada de lobas: *Las malas* de Camila Sosa Villada. La casa de la Tía Encarna sirve como un lugar para el cuidado, la ternura y el aprendizaje entre travestis-putas. El aparecer de El Brillo, un niño abandonado en el parque donde las travestis se prostituyen, muestra la potencialización de un futuro sin reproducción biológica y repetición normativa. De ahí que a la Tía Encarna, los del pueblo, le hagan la vida imposible. Al final de la novela, por el llamado que produce la violencia contra la Tía Encarna, todas las travestis-prostitutas-lobas se juntan y se cuentan la historia de cuidados, aprendizajes y solidaridades que la Tía les enseñó, y recuerdan que, pese a todo

---

67 Jack Halberstam, *Criaturas salvajes. El desorden del deseo*, trad. Javier Sáez (Madrid: EGALES, 2020), 27.

pronóstico de crueldad que el hetero-cis-patriarcado les obligaba a encarnar, todavía es posible construir la felicidad, aunque al final se muestra que la felicidad disidente es solo posible comunalmente. La Tía Encarna muere sola con El Brillo porque el terror la envuelve, la separa, la aísla de las malas. Su suicidio es la muestra de que a solas las abyectas no pueden vivir: "Murieron cara a cara, mirándose a los ojos. Murieron sabiamente, para no tener que soportar más humillaciones. Nuestra madre y su hijo adorado"[68].

El ambiente como el lugar donde es posible la queeridad necesariamente debe volverse un lugar de resistencia, cuidado que en sí mismo apuñala la topografía heteronormativa. Es, por así decirlo, una anomalía en el territorio; un accidente donde habitan lxs accidentadxs de la identidad normativa.

COMUNIDAD CONTRA
EL HETERO-CIS-PATRIARCADO

El puñal, como un rayo de sol, incendia las terribles hondonadas
GARCÍA LORCA

Cuenta el mito que adentro del caballo de Troya iban soldados. Fue necesario un engaño para destruir toda Troya. No fue Aquiles quien ganó la guerra, sino una estrategia bélica de destrucción y engaño. El caballo de Troya es un ejemplo perfecto de desidentificación estratégica o de identidades estratégicas, como las nombró Spivak. Por un lado, es un elemento de paz en un territorio en gue-

---

68 Camila Villada Sosa, *Las malas* (México: Tusquets, 2019), 219.

rra (un regalo que era bien aceptado por un régimen de signos); por otro, una máquina de guerra de destrucción inesperada. En este sentido, pienso que la territorialidad de ambiente es el espacio estratégico para que lxs puñales recuperen sus fuerzas contra el sistema. Que recuperen su historicidad, su memoria del duelo y de la abyección, y construyan un ejército de Amazonas-guerrilleras, tal y como lo soñó Wittig[69]. Pero antes de usar la fuerza contra el hetero-cis-patriarcal en estrategias políticas y de hospitalidad entre abyectos, habría que desnaturalizarnos a nosotrxs mismxs y, por otro lado, producir una política de la no-soberanía.

Uno de los errores de las políticas LGBTQIA+ es el deseo de soberanía sobre lxs otrxs. Muchxs activistas buscan el poder soberano, que nada tiene que ver con el poder que destruye a la soberanía en favor de la comunidad y su democracia libre (anarquía). Si hemos llegado hasta aquí es para decir que no basta simplemente ser LGBTQIA+ y producir ambiente para construir una política queer. En *Paris-la-política*, Wittig escribió:

> No hago apología de las cómplices celosas porque hubo forzosamente un momento de conciencia en el que eligieron abdicar a su voluntad y libertad, privándose del poder de invertir los amos una vez que aceptaron a las amas. No hago apología de las ocupantes de las sillas pequeñas porque pusieron a la política en el lugar de lo político. No encontré ninguna moral en mi fábula sino solo como en filigrana el trazo de un principio que resume a todos y que es: ni dioses ni diosas, ni amos ni amas.[70]

---

69 Véase Monique Wittig, *Guerrilleras,* trad. Natalia Ortiz Maldonado (Buenos Aires: Hekht Libros, 2019).

70 Monique Wittig, *Paris-la-política*, trad. Vic Sfriso (Córdoba: Editorial Asentamiento Fernseh, 2021), 34.

Hace falta un espacio político (y no una política institucional) que apuñale al soberano que hay en mí y que hay en ti. Hacer del poder un contra-poder, así como lo pensó Villoro[71]. En ese sentido, construir una territorialidad anarquista que no olvide el problema de la instauración de un dispositivo sexual en nuestros cuerpos. Dicho de otro modo, que no capture a nuestra corporalidad en una territorialidad somatopolítica estricta y rígida. Una territorialidad que acepte la deriva y la metamorfosis. Construir una "relación *con el* poder pero no relación *de* poder"[72].

En el último trabajo de Malabou se recupera la geografía y se relaciona con la anarquía. En *El placer borrado* había dicho que anarquía significa "un orden sin mando ni comienzo [que no es] necesariamente un desorden y ni siquiera lo es en modo alguno, sino un ordenamiento diferente, una composición sin domininación"[73]. Esto lo retomará en *Au Veoleur! Anarchisme et philosophie* cuando refiere:

> Esto se orienta en esta geografía nueva donde se borra el esquema entre el anarquismo de facto y el anarquismo vigilante, pero también pregunta: ¿cuál es la topografía rizomática y contraída del ciber anarquismo en sí mismo? ¿Cómo orientarse en la indiferencia ontológica de las diferencias?[74]

Si lo que buscamos es una geografía de la emancipación y no una geografía de la dominación, es necesario destruir el dispositivo sexo/genérico en la producción de otras territorializaciones a través de nuevas activi-

---

71 Véase Luis Villoro, *El poder y el valor. Fundamentos de una ética política* (México: Fondo de Cultura Económica, 1997).

72 Malabou, *El placer borrado*, 119.

73 Malabou, *El placer* borrado, 121.

74 Catherine Malabou, *Au Veoleur! Anarchisme et philosophie* (Paris: PUF, 2022), 400-401.

dades pragmáticas. Esto no será posible si no se hace en comunidad. Sin embargo, las comunidades no pueden ser pensadas identitariamente, sino híbridas o mestizas, como las pensó Gloria Anzaldúa. Debemos resistir a la soberanía de la identidad y acontecer en la emancipación de la plasticidad. Vivir en la frontera, en la fractura o en el espacio entre lo uno y lo otro. Esto significa "intentar abrir un ojo *sin* el discurso"[75]. Lo cual implicará recuperar las potencias poéticas de la vida en la desconfiguración del territorio, en la instauración de nuevas territorialidades que sean capaces de relacionarse sin buscar entre ellas soberanías ni exclusiones. Esta es la tarea de una politización queer o una queerización de lo político como espacio del debate, discusión, aceptación, diferencias y auxilios.

Tenemos que ser capaces de apuñalar la identidad en favor de la territorialización en constante devenir y politización.

EL PARAÍSO PERDIDO
O EL PAÍS DE NUNCA JAMÁS

Mi generación creció con *Peter Pan*, un eterno niño que a la vez era adulto. Todxs esos niñxs eran huérfanxs y hermanxs por la orfandad. Pequeños maleantes que vivían salvajemente y que se ayudaban mutuamente para sobrevivir. La presencia de Wendy pone de cabezas el mundo de Peter Pan. ¿Por qué? Principalmente, porque Wendy es el elemento heterosexual adentro del territorio. En

---

75 Catherine Malabou, *La plasticidad en el atardecer de la escritura. Dialéctica, destrucción, deconstrucción*, trad. Javier Bassas Vila y Joana Masó (Ramalleira: Ellagos Ediciones, 2008), 136.

toda la trama hay una tensión de fondo: volverse adulto significa hacer una familia heterosexual, es decir, casarse y tener hijos. Peter Pan y Wendy deben elegir: seguir siendo niñxs o volverse adultxs. De tal modo, viven en el proceso de transición. Y en ese sentido, la película muestra una tercera salida: un parentesco queer que transforme a lxs niñxs en otra forma de ser adultxs. Habría que pensar que la territorialidad de ambiente no solo necesita prácticas, sino que produce una metamorfosis en los participantes. Uno no sale de esos lugares sin la marca de la potencialización, sin la huella de la abyección, sin la señal del deseo de otro mundo posible. ¡Queremos ir al País de Nunca Jamás!

Lorenzo Bernini ha mostrado cómo en el imaginario cultural el sujeto queer sería una especie de zombi. Está muerto para su territorio hetero-cis-normativo, pero está vivo en tanto que aún existe, aunque cada día se sienta más muerto que vivo[76]. Está ambivalencia me permite pensar en lo efímero de la queeridad, en su borradura constante. Muñoz, retomando a Derrida, habló de la *huella* como aquello que quedaba más allá de la presencia; cuando analiza lo queer, se da cuenta de cómo un gesto puede detonar todo un mundo de posibilidades. Gestos efímeros, casi invisibles, imperceptibles para muchxs, pero de metamorfosis radical. Si nadie sabe lo que puede un cuerpo, nadie sabe lo que puede un territorio.

La queeridad es una postura, una potencia territorial de dislocamiento, pero también de reformulación anarquista. Al quedar el sujeto afuera del territorio de intelegibilidad,

76 Véase Lorenzo Bernini, *Apocalipsis queer. Elementos de teoría antisocial*, trad. Albert Tola (Madrid: EGALES, 2015).

al ser su deseo lo que lo separa de los otros, es arrojado a la posibilidad de una comunidad excluida de todo futuro normativo. Nos encontramos en el País de Nunca Jamás de la heterosexualidad, en su impotencia, en el no-ser.

Es importante tejer redes no de captura, sino de liberación donde las personas disidentes puedan construir un saber sobre sí mismxs y lxs otrxs en la producción de una democratización de la vida, el territorio y el pensamiento. Esto significa aprender a habitar lo político desde otras formas de sentir y de pensar que no tengan como objetivo la cristalización de la identidad, sino la producción de nuevas formas de vidas o prácticas comunitarias. Sin embargo, la no producción de identidad no significa el olvido de los modos de ser que nos han obligado a encarnar y a habitar; sino la desmantelación de tales identidades y organizaciones geográficas. En este sentido, me gustaría retomar algunas posturas de Francesca Gargallo.

A pesar de que Gargallo habló de feminismos comunitarios hechos por mujeres de comunidades indígenas, hay varias cuestiones que deben servir para pensar otras formas de habitar en el mundo. Por un lado, que el régimen hetero-cis-patriarcal no es solamente contra las mujeres, sino también contra las personas negras, discapacitadas, menores de edad, comunidades indígenas, la tierra y los animales y otras formas de habitar. Dicho de otro modo, que el régimen hetero-cis-patriarcal es antropocentrista, sexista y racista. Bajo esta cuestión, debemos admitir que todas nuestras culturas occidentales hunden sus raíces en violación de la Tierra y en la destrucción de su territorialidad. No hay salvación sin ecología, descolonización y despatriarcalización. Las mujeres Xincas

Feministas Comunitarias, en ese sentido, proclaman que continuarán en:

· Resistencia y lucha permanente contra todas las formas de opresión capitalista patriarcal, que continúan con la amenaza del saqueo de minería de metales en la montaña y nuestros territorios, y contra todas las formas de neo saqueo transnacional.

· Contra todas las formas de colonialismo que arremeten contra las mujeres en lo íntimo, privado y público, por lo cual asumimos acciones que desde lo individual y colectivo fortalezcan la descolonización de cuerpos y territorios[77].

Me interesa rescatar de esto dos cuestiones. Cuando a las personas disidentes se las abandona a su suerte, esto ocurre en la marginación, las calles y los circuitos de tanapolíticas. Muchas mujeres trans en condición de calle duermen en parques insanos y expuestas a ser robadas, atacas y enfermadas. Asimismo, al no haber un régimen de signos que nos reconozca, nos exponemos a la desinformación y al miedo, tal y como sucedió en la crisis del VIH y en la producción de una nueva normativa de cuerpos "limpios/sucios" que nos arroja a los espacios de encierro (cárceles y hospitales). En nuestro afán de huida y sobrevivencia, muchas personas LGBTQIA+ se integran al capital, frustrando así la posibilidad de una futurabilidad queer.

Lo que nos enseña el feminismo comunitario es, por un lado, que en lo personal como en lo público debemos ser capaces de descolonizar nuestros cuerpos, lo cual significaría echar a perder el sistema sexo/género binario de la actualidad. De esto resulta que la queeridad no existe

---

77 Francesca Gargallo Celentani, *Feminismo desde Abya Yala. Ideas y proposiciones de las mujeres de 607 pueblos en nuestra América* (México: Universidad Autónoma de la Ciudad de México, 2015), 275-276.

aún en tanto que seguimos oprimidxs bajo el binario sexual y, en nuestra actualidad, el feminismo debe continuar no en la esencialización de las mujeres, sino en la señalización de que actualmente sigue habiendo cuerpos feminizados, sexualizados binariamente, que siguen siendo borrados.

Lo otro que nos enseña esto es que para que cualquier cuerpo orgánico exista, sea el que sea, necesita del territorio y de otras corporalidades. No importa ya si nos consideramos gays, maricas, jotos, trans, bolleras, travestis, indígenas, mujeres, hombres, cyborgs, animales, bestias, putas, trabas o cualquier sinfín de palabras; ante todo, somos seres orgánicos, hijxs de la Tierra. Asesinar la Tierra, saquear el territorio, envenenar nuestras aguas, acabar con nuestros materiales, es la destrucción inmanente de toda posibilidad de vida humana como no humana de nuestro planeta. Descolonizar también implica ecologizarnos, producir una política de parentesco con la Tierra y cuidado de ella. Devenir-composta, como lo piensa Haraway.

La enfermedad de la Tierra es también nuestra enfermedad. Los cuerpos ya precarizados, abyectos, lanzados al vacío, son más vulnerables. Las personas LGBTQIA+ sabemos de antemano el daño psíquico que produce el heteropatriarcado, pero quizás hemos obviado el daño físico-biológico de tal régimen de signos. El habitar constantemente espacios de vulneración nos enferma física y psicológicamente. Ante esto, quiero pensar que la destrucción de nuestras vidas debe obligarnos no solo a una queeridad comunitaria, sino también a preguntarnos: ¿cómo habitar nuestra herida, nuestra destrucción?

Muchxs de nosotrxs no podremos curarnos del mal que esta materialización cultural nos ha producido; muchxs de nosotrxs viviremos con daños psíquicos y físicos hasta nuestra muerte; muchxs de nosotrxs llevaremos la marca del escarnio, aunque logremos habitar una queeridad alegre y territorializada. Seguiremos siendo la memoria encarnada de la matanza de la diferencia. Malabou decía que había que comenzar a habitar el dolor del otro para aprender de él la no repetición y también preguntarse: ¿cómo puedo vivir con aquel que ha sido destruido?[78]

Nuestros cuerpos territoriales, sea el personal, el colectivo o el mundial, han sido enfermados y destruidos sin ser todavía asesinados (muertos en vida), y sin embargo: ¿es posible tener aún porvenir? ¿Qué dice el que se le ha impedido hablar? ¿Qué susurra aquel que desde el más allá nos recuerda que le hemos abandonado? ¿Qué nos pide aquel que ha sido negado a ser alguien? ¿Cómo auxiliarnos a nosotros mismos en medio de la masacre? No basta con no replicar la territorialidad y sus mecanismos de control y violación del hetero-cis-patriarcado, es necesariamente inmanente una politización de la cura, pero también de la aceptación de que muchxs de nosotrxs hemos sido heridxs sin remedio y que habitamos como muertos en vida, como cuerpos que aún respiran, pero no sueñan con ninguna esperanza.

¿Es posible habitar el desastre y trabajar el terreno para otros mundos de posibilidades humanas y no humanas donde todos los dispositivos de opresión sean por fin superados y recordados como parte de la historia de la crueldad humana?

---

78 Catherine Malabou, *Los nuevos heridos* (México: Paradiso Editores, 2018), 324.

Debemos ser capaces de apuñalar en el corazón y en todo su cuerpo el sistema hetero-cis-patriarcal soberano y liberarnos de esta repetición frenética de nuestra tragedia. Un último sacrificio está por realizarse.

CONCLUSIONES
LO QUEER SIEMPRE HA SIDO
UNA COSA DE NIÑXS, PERO NO DE TUS HIJXS

Quisiera acabar este ensayo planteando lo siguiente: ¿es lo queer un devenir-infantil? Si decíamos que nacemos en un cuerpo territorializado, probablemente, cada persona tenga en su memoria como fuimos alcanzando un cuerpo regularizado. Las personas LGBTQIA+ que hemos habitado la violencia fóbica a nuestra comunidad, tenemos las huellas de una herida, de una memoria que nos obligó a despreciarnos muchas veces desde la infancia. No quiero decir que desde niñxs seamos LGBTQIA+, puesto que la sexualidad puede fluctuar con el territorio y sus prácticas, y nunca se sabe cuándo alguien que se consideraba heterosexual, un día se considera diferente.

Lee Edelman creyó necesario dejar de reproducir la idea del niño y también de reproducirnos. Sin embargo, olvida que en el *aquí* y *en el ahora* de nuestra realidad, lxs niñxs diferentes, marginadxs, excluidxs existen. Pero no solo eso: ni siquiera fue capaz de pensarse a las infancias trans que pueden acabar radicalmente con un sistema de naturaleza/cultura y con la reproductibilidad hetero-cis-normativa. Ha sido Jack Haberstam, quien recupera la potencia de la infancia trans:

La familia designa un sistema que se supone que protege, ampara y apoya a sus miembros, pero, como cualquier sistema de pertenencia, a menudo también excluye, avergüenza y ataca violentamente a los extraños. La presencia de criaturas que se identifican con el otro género y de criaturas de género ambiguo en el seno de las familias pone en cuestión todas las ideas habituales sobre el género, la infancia y la corporalidad, y en última instancia plantea dudas sobre la validez de la familia en sí misma.[79]

¿Dónde habitarán estas infancias desfamiliarizadas, abandonadas en la selva? En *Paris is burning*, muchxs adolescentes trans encontraron su familia elegida en las casas de Vogue. También pienso en Jean Genet que, sin ser infancia trans, tuvo que vivir en orfanatos y en la calle, haciendo relaciones con otrxs abandonadxs por el sistema. Pienso también en las infancias migrantes que viajan solas en la Bestia o pasan el Río Bravo sin familia en busca de una mejor vida. Ante la cuestión de en dónde habitarán todas estas infancias, siempre surge la pregunta: ¿qué futuro les daremos? Pero quizás habría que reformular la pregunta: ¿qué futuro pueden darnos tales infancias si comenzamos a hacer territorios no identitarios? ¿Qué potencia nos enseñan en sus experiencias de resistencia y desidentificación inconsciente?

En la anulación de la normatividad de familia consanguínea y en la apertura de una queeridad comunal, considero que la cuestión de las infancias en orfandad, y de todo ser vivo abandonado a su suerte, se vuelve el eje de una politización de la queeridad. Así, la pregunta no debe ser por el ser, sino por lo que podemos hacer para que los demás sean-con-nosotrxs. Tal reformulación cambia la forma de hacer política.

---

79 Jack Halberstam, *Trans*. Una guía rápida y peculiar de la variabilidad de género*, trad. Javier Sáez (Madrid: EGALES, 2018), 70.

Esta horda de pequeñas bestias, criaturas salvajes, no son ya hijxs del patriarcado y de las buenas familias, sino subjetividades lanzadas a la posibilidad. Sin embargo, habría que tener cuidado con el sistema capitalista. Hoy quizás las infancias trans y en procesos de queeridad no están siendo capturadas por el capital, pero no dudo que lentamente sean normalizadas y reguladas en favor de una normatividad. Finalmente, si lxs adultxs trans han replicado un *cispassing* y han permitido el uso de sus cuerpos en la construcción de la transexualidad ideal, ¿quién nos impide creer que el sistema hará lo mismo con las infancias disidentes? Por el momento, el campo de batalla está activado y debemos ser muy estratégicxs, si lo que queremos es radicalmente arrancar a las subjetividades de la replicación del mismo futuro heterosexual soberano.

No solo es necesaria una educación no-binaria, sino también una territorialización de las ciudades donde las infancias raras y las bestias solitarias puedan sentirse más libres y plásticas en la producción de manadas y éticas de cuidado. Dejarlas hacer sin por ello dejarlas morir, aprender a ser libre, prudente, y solidarios en el consciente del deseo. Más que obligarles, guiarles en el medio de la existencia; enseñarles las múltiples posibilidades y, sobre todo, escuchar qué sueñan y qué desean cuanto a la construcción de un diálogo entre nuestro mundo y sus posibilidades infantiles. Dicho de otro modo: dejar de considerar a las infancias como imbéciles ontológicos y comenzar a encontrar puentes que nos ayuden a recuperar la creatividad que hemos asesinado en los procesos de pedagogización y binarización de nuestros cuerpos.

No quiero romantizar la infancia. Quiero pensarla como un espacio de la plasticidad radical. En la minoría de edad, debido a que todavía somxs inexpertxs, jugamos y desordenamos nuestro mundo con constancia; estamos en el proceso radical de alcanzar a ser algo sin aún serlo. Somos imaginativxs y ocurrentes, creadores y curiosxs. Muchxs perdemos estas facultades rápidamente, otrxs, como ciertxs artistas y pensadorxs, mantienen esta imaginación creadora a lo largo de la vida. Ser capaces de soñar es una cosa infantil; ser capaces de creer en lo imposible, es parte de la infancia; tener esperanzas, creer en los milagros e intentar hacer que acontezca lo que creíamos imposible, es su práctica. Quizás sea necesario recuperar de la infancia esa potencia.

Creo que la infancia es siempre el milagro de la diferencia, la fractura y la posible metamorfosis del humano. Pero creo además que todas las personas llevamos las potencias infantiles en nosotrxs mismxs. Si la infancia es inocente en cuanto que aún no conoce el mundo, debemos recuperar algo de ello a la par que transmitimos un saber de la prudencia y del cuidado. Por tanto, ni liberar a la infancia a sus deseos sin ética, ni considerarnos a nosotrxs como seres dueños de la verdad y la norma. Se trata de encontrar el espacio para que poesía (infancia) y filosofía (adultez) produzcan un nuevo territorio y subjetividad. Entablar un devenir-infancia del adulto y del menor de edad en la producción de una democracia y de una ética de la prudencia y del cuidado. Recuperar nuestra infancia a través de la escucha y observación de la infancia que habita entre nosotrxs y que está por heredar la territorialización en llamas de nuestra historia espiritual. Devenir-infancia, pero también devenir-disidencia: devenir-minoritario.

Finalmente, quisiera formular la siguiente cuestión al lector: ¿En qué territorio te gustaría que jugase el niñx

que fuiste y cómo es posible hacerlo acontecer sin asesinar a lxs otrxs? Y en general preguntar: ¿Cómo enseñar
el cuidado y la responsabilidad desde la infancia? ¿Cómo
aceptar los deseos de las minorías de edad sin por ello
permitirlo todo? ¿Cómo cultivar la diferencia, el cuidado de sí y de lxs otrxs, así como la creatividad en noso-
tres día a día? ¿Es posible que habitemos y construyamos
nuestro País de Nunca Jamás? ¿Es posible aún abrir paso
a futuros queer? ¿En qué criatura nos convertiremos en
nuestras soledades acompañadas?

Todavía hoy es posible soñar con esos territorios donde poder vivir la metamorfosis en juego. De lo que se
trata ahora es de crearlos.

REFERENCIAS

Ahmed, Sara. *Fenomenología queer: orientaciones, objetos, otros*, trad. Javier Sáez. Barcelona: Edicions Bellaterra, 2019.

Ahmed, Sara. *La promesa de la felicidad. Una crítica cultural al imperativo de la alegría*, trad. Hugo Salas. Buenos Aires: Caja Negra, 2019.

Anzaldúa, Gloria. *Borderlands / La frontera*, trad. Carmen Valle. Madrid: Capitán Swing, 2019.

Bernini, Lorenzo. *Apocalipsis queer. Elementos de teoría antisocial*, trad. Albert Tola. Madrid: EGALES, 2015.

Braidotti, Rossi. *Metamorfosis. Hacia una teoría materialista del* devenir, trad. Ana Varela Mateos. Madrid: Akal, 2004.

Butler, Judith. *Deshacer el género*, trad. Patricia Soley-Beltrán. México: Paidós, 2021.

Butler, Judith. *El género en disputa. El feminismo y la subversión de la identidad*, trad. María Antonia Muñoz. Barcelona: Paidós, 2007.

Caraballo Correa, Pablo Antonio. "Los límites de la 'hermandad'. Modernidad e identidad *gay* en México". *La Ventana*, 52, 2020: 70-99.

Ciccia, Lu. *La invención de los sexos. Cómo la ciencia puso el binarismo en nuestros cerebros y cómo los feminismos pueden ayudarnos a salir de ahí*. México: Siglo XXI, 2022.

Davis, Angela. *Mujeres, raza y clase,* trad. Ana Varela Mateos. Madrid: Akal, 2005.

de Beauvoir, Simone. *El segundo sexo*, trad. Alicia Martorell. Madrid: Cátedra, 2015.

de Lauretis, Teresa. *Alicia ya no. Feminismo, semiótica, cine*, trad. Silvia Iglesia Recuero. Madrid: Cátedra, 1992.

Deleuze, Gilles y Guattari, Félix. *Mil mesetas. Capitalismo y esquizofrenia*, trad. José Vázquez Pérez y Umbelina Larraceleta. Valencia: Pre-textos, 2020.

Edelman, Lee. *Bad education: why queer theory teaches us nothing*. Durham: Duke University, 2022.

Edelman, Lee. *No al futuro. La teoría queer y la pulsión de muerte*, trad. Javier Sáez y Adriana Baschuk. Madrid: Editorial EGALES, 2004.

Fausto-Sterling, Anne. *Cuerpos sexuados. La política de género y la construcción de la sexualidad*, trad. Ambrosio García Leal. Barcelona: Melusina, 2006.

Foucault, Michel. "Espacios diferentes" en *Estética, ética y hermenéutica. Obras esenciales, v. III*, trad. Ángel Gabilondo. Barcelona: Paidós Ibérica, 1999.

Foucault, Michel. *Historia de la sexualidad. 1. La voluntad de saber*, trad. Ulises Guiñazú. México: Siglo XXI, 1991.

Gargallo Celentani, Francesca. *Feminismo desde Abya Yala. Ideas y proposiciones de las mujeres de 607 pueblos en nuestra América*. México: Universidad Autónoma de la Ciudad de México, 2015.

Gómez de Silva, Guido. *Diccionario breve de mexicanismos*, https://www.academia.org.mx/consultas/obras-de-consulta-en-linea/diccionario-breve-de-mexicanis-mos-de-guido-gomez-de-silva

Guattari, Félix. *Deseo y revolución*. Buenos Aires: Tinta Limón, 2014.

Guattari, Félix. *¿Qué es la ecosofía?*, trad. Pablo Ariel Ires. Buenos Aires: Cactus, 2015.

Guitiérrez España, José Antonio. *El intrépido vuelo de las mariposas istmeñas a la Ciudad de México. Muxeidad, identidad de género y corporalidad en contexto migratorio*. Tesis de maestría, Centro de Investigaciones y Estudios Superiores en Antropología Social, 2021.

Halberstam, Jack. *Trans**. Una guía rápida y peculiar de la variabilidad de género*, trad. Javier Sáez. Madrid: EGALES, 2018.

Halberstam, Jack. *Criaturas salvajes. El desorden del deseo*, trad. Javier Sáez. Madrid: EGALES, 2020.

Halberstam, Judith/[Jack]. *Masculinidad femenina*, trad. Javier Saéz. Madrid: EGALES, 2008.

Haraway, Donna. "Simpoiesis. Simbiogénesis y las artes vitales de seguir con el problema" en *Seguir con el problema. Generar parentescos en el Chthuluceno*, trad. Helen Torres. España: Consonni, 2019: 99-152.

Hocquenghem, Guy. *El deseo homosexual*, trad. Geoffroy Huard de la Matre. España: Melusina, 2009.

Konovalova, Elena. "El ciclo menstrual y el entrenamiento deportivo: una mirada al problema", *Revista U.D.C.A Actualidad & Divulgación Científica*, 16(2), 2013: 293-303.

Kososfky Sedwick, Eve. "Algunos binarismos (II). Wilde, Nietzsche, y las relaciones sentimentales del cuerpo masculino" en *Epistemología del armario*, trad. Teresa Bladé Costa. Barcelona: La Tempestad, 1998: 175-240.

Lipovetsky, Gilles. *La tercera mujer. Permanencia y revolución de lo femenino*, trad. Rosa Alapont. Barcelona: Anagrama, 2007.

Llamas, Ricardo. *Teoría torcida. Prejuicios y discursos en torno a «la homosexualidad»*. Madrid: Siglo XXI, 1998.

Malabou, Catherine. *Au Veoleur! Anarchisme et philosophie*. Paris: PUF, 2022.

Malabou, Catherine. *El placer borrado. Clítoris y pensamiento*, trad. Horacio Pons. Santiago de Chile: La Cebra, 2021.

Malabou, Catherine. *La plasticidad en el atardecer de la escritura. Dialéctica, destrucción, deconstrucción*, trad. Javier Bassas Vila y Joana Masó. Ramalleira: Ellago Ediciones, 2008.

Malabou, Catherine. *Los nuevos heridos*. México: Paradiso Editores, 2018.

Martínez Ramírez, Rubén Darío y Samy Reyes. "Infantilización, *educastración* y deseo: pensar lo queer en la pedagogía". *La Ventana, 56*, 2022: 10-44.

Miano Borruso, Marinella. "Género y homosexualidad entre los zapotecos del Istmo de Tehuantepec: El caso de los muxe". *IV Congreso Chileno de Antropología*. Chile: Colegio de Antropólogos de Chile A. G., 2001: 685-690.

Monroy, Norman. *Colonialidad, género, muerte y sexualidad en el Valle del Mezqueertal*. Tesis de maestría, Universidad Autónoma del Estado de Hidalgo, 2022.

Monsiváis, Carlos. "La noche popular: paseos, riesgos, júbilos, necesidades orgánicas, tensiones, especies antiguas y recientes, descargas anímicas en forma de coreografías". *Debate Feminista, 18*, 1998: 55-73.

Muñoz, José Esteban. *Disidentifications. Queers of color and the performance of politics*. Minneapolis: University of Minnesota, 1999.

Muñoz, José Esteban. *Utopías queer. El entonces y allí de la futuridad antinormativa*, trad. Patricio Orellana. Buenos Aires: Caja Negra, 2020.

Nietzsche, Friedrich. *Genealogía de la moral*, trad. Andrés Sánchez Pascual. Madrid: Alianza Editorial, 2011.

Perlongher, Néstor. *El negocio del deseo*. Buenos Aires: Paidós, 1999.

Perlongher, Néstor. *Los devenires minoritarios*. Barcelona: Diaclasa, 2016.

piña narváez, yos (erchxs). "no soy queer, soy negrx mis orishas no leyeron a J. Butler" en leticia rojas miranda y francisco godoy, *no existe sexo sin racialización*, Madrid: Colectivo Ayllu, 2017.

Preciado, Paul B. *Testo yonqui. Sexo, drogas y biopolítica*. Barcelona: Anagrama, 2020.

Preciado, Paul B. *Yo soy un monstruo que os habla*. Barcelona: Anagrama, 2021.

Puar, Jasbir K. *Ensamblajes terroristas: el homonacionalismo en tiempos queer*, trad. María Enguix Tercero. Barcelona: Edicions Bellaterra, 2007.

Reitter, Jorge. *Edipo gay. Heteronormatividad y psicoanálisis*. México: Ediciones Navarra, 2022.

Reyes, Samy. "'Devenir-travesti' o la resistencia de las 'locas': la prototeoría queer de Néstor Perlongher ante el advenir de las identidades LGBT+", *Caracol*, 25, 2023: 75-106.

Rubin, Gayle. *En el crepúsculo del brillo*. Argentina: Bocavulvaria Ediciones, 2018.

Schtscherbyna, Annie, Barreto, Thiago, Palha de Oliveira, Fátima, Raggio Luiz, Ronir, de Abreu Soares, Eliane y Gonçalves Ribeiro, Beatriz. "A idade do início do treinamento, e não a composição corporal, está associada com disfunções menstruais em nadadoras adolescentes competitivas", *Revista Brasileira de Medicina do Esporte*, 18(3), 2012: 161-63.

Vidarte, Paco y Llamas, Ricardo. "Armario. La vida privada del homosexual o el homosexual privado de vida" en Paco Vidarte, *Por una política a caraperro. Placeres textuales para las disidencias sexuales.* Madrid: Traficantes de Sueño, 2021: 43-61.

Vidarte, Paco. *Ética marica.* Barcelona: EGALES, 2007.

Villada Sosa, Camila. *Las malas.* México: Tusquets, 2019.

Villoro, Luis. *El poder y el valor. Fundamentos de una ética política.* México: Fondo de Cultura Económica, 1997.

Viñuales, Olga. *Identidades lésbicas. Discursos y prácticas.* Barcelona: Edicions Bellaterra, 2006.

Wittig, Monique. *El pensamiento heterosexual,* trad. Javier Sáez y Paco Vidarte. Madrid: EGALES, 2016.

Wittig, Monique. *Guerrilleras,* trad. Natalia Ortiz Maldonado. Buenos Aires: Hekht Libros, 2019.

Wittig, Monique. *Paris-La-Política,* trad. Vic Sfriso. Córdoba: Editorial Asentamiento Fernseh, 2021.

Zapata, Luis. *El vampiro de la colonia Roma.* México: Grijalbo, 1979.

ÍNDICE

Territorios queer
de Samy Reyes,
compuesto con tipos Montserrat en créditos
y portadillas, y Cormorant Garamon
en el resto de las tripas,
bajo el cuidado de Dani Vera,
se terminó de imprimir
el 25 de septiembre de 2023.

LAUS DEO

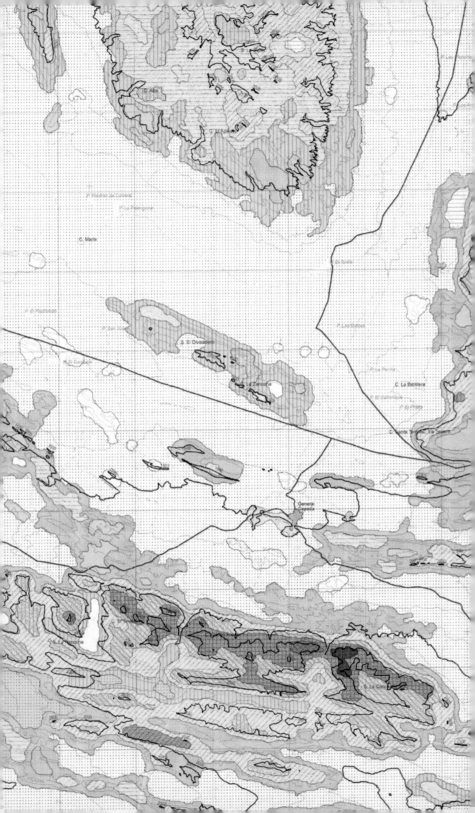